电气化铁道用接触线制造技术

雷 霆　张金梁　蔡川雄　张玉林　编

北 京
冶 金 工 业 出 版 社
2019

内 容 提 要

本书结合我国电气化铁路发展对接触线性能的要求，在分析国内外电气化铁路用接触线制造技术现状的基础上，以接触线制造技术为主线，系统阐述了电气化铁路的发展历程、电气化铁路接触网、接触线类型及性能、接触线用材料强化机制、接触线制造工艺、连铸连轧工艺及设备、上引—连续挤压技术等。

本书可供从事电气化铁路设计与施工、铁路维修与保养、铁道技术研发等相关专业人员阅读，也可供大专院校有关专业师生参考。

图书在版编目(CIP)数据

电气化铁道用接触线制造技术/雷霆等编. —北京：冶金工业出版社，2019. 4

ISBN 978-7-5024-7943-5

Ⅰ. ①电… Ⅱ. ①雷… Ⅲ. ①电气化铁道—接触网—研究 Ⅳ. ①U225

中国版本图书馆 CIP 数据核字（2019）第 064690 号

出 版 人　谭学余

地　　址　北京市东城区嵩祝院北巷 39 号　邮编　100009　电话　(010)64027926

网　　址　www. cnmip. com. cn　电子信箱　yjcbs@ cnmip. com. cn

责任编辑　杨盈园　美术编辑　彭子赫　版式设计　禹　蕊

责任校对　郑　娟　责任印制　李玉山

ISBN 978-7-5024-7943-5

冶金工业出版社出版发行；各地新华书店经销；三河市双峰印刷装订有限公司印刷

2019 年 4 月第 1 版，2019 年 4 月第 1 次印刷

169mm×239mm；10. 25 印张；196 千字；154 页

48. 00 元

冶金工业出版社　投稿电话　(010)64027932　投稿信箱　tougao@cnmip. com. cn

冶金工业出版社营销中心　电话　(010)64044283　传真　(010)64027893

冶金工业出版社天猫旗舰店　yjgycbs. tmall. com

（本书如有印装质量问题，本社营销中心负责退换）

前　言

接触线是高速电气化铁路接触网中的关键材料之一，在机车运行过程中，它不仅承担着电流的输送任务，而且承受着拉应力的作用。接触导线在工作传输电流时产生的焦耳热效应以及受电弓高速滑动摩擦均可导致导线温度升高。此外，离线产生的电火花、拉弧、事故性大电流等也会使接触导线的温度急剧升高，甚至使磨耗工作面处于局部过热状态发生软化，造成强度和表面硬度下降，使接触导线磨耗加快、使用寿命缩短以及发生断线（拉断或熔断）弓网事故，严重影响接触导线运行的安全可靠性。随着铁路向高速、重载发展，对接触线的性能提出了更为苛刻的要求。如何保持高的强度和高的电导率，减少接触线的磨耗，延长使用寿命，提高技术经济效益，一直是科研、制造和使用单位十分关心的问题。

本书结合我国电气化铁路发展对接触线性能的要求，在分析国内外电气化铁路用接触线制造技术现状的基础上，系统介绍了接触线制造技术。目前国内很少有以接触线制造技术为主题的书籍，行业工作者查阅相关资料较困难，本书的编写具有重要的学术价值。

本书具体编写分工为：第 1 章由雷霆和张金梁编写，第 2 章由张玉林编写，第 3 章和第 4 章由张金梁编写，第 5 章～第 8 章由蔡川雄编写，最后由雷霆负责总的统稿和审定。

由于编者水平所限，书中不妥之处，敬请广大读者批评指正。

编　者

2018 年 8 月

前　言

目　录

1 绪 论

1.1 电气化铁路

1.1.1 电气化铁路的起源

1879 年 5 月 31 日，在德国柏林举办的世界贸易博览会上，西门子和哈尔斯克公司展出了世界上第一条电气化铁路。这条电气化铁路长 300m，线路呈椭圆形，轨距为 1m，在上面运行的电力机车只有 954kg，车上装有 2.2kW 的串励式二极直流电动机，由 150V 的外部直流电源经铺设在轨道中间的第三条轨供电，以 2 条运行轨作为回路。它牵引 3 节敞开式“客车”，每节车上可乘坐 6 名乘客，最高运行时速达 13km。

同年，在法国巴黎国际电工展览会上展出了第一条 500m 长的由 2 条架空导线供电的电车线路，为提高电压、采用大功率牵引电动机创造了条件。这种电车形式的电气化铁路的出现，引起了西欧、美国、日本极大的兴趣，并纷纷开始修建电气化铁路。

1885 年，英国首先在伦敦修建了第一条由架空导线供电的电车线路，作为市内交通工具；1890 年，伦敦地铁也改为电力牵引，采用 600V 的直流电，由第三条轨供电。1893 年，瑞典在斯德哥尔摩以北修建了一条 11km 长 500V 的直流电气化铁路。1895 年，美国在巴尔的摩至俄亥俄间 5.6km 长的隧道区段内修建了一条 675V 的直流电气化铁路。同年日本在京都的下京区修建了一条 6.7km 长的 500V 的直流电气化铁路。1898 年，德国在什塔特至埃格里堡区段内修建了一条电气化铁路。1902 年，意大利在瓦尔切里纳线上修建了三相交流电气化铁路。

最初，电气化铁路大都是采用低压直流或三相交流供电，而且均修建在市内交通线路、城市近郊线路和一些工矿线路上。到 19 世纪末 20 世纪初，这种电车形式的电气化铁路已成为城市主要交通工具。之后随着工业的发展，逐渐发展到城市之间和运输繁忙的干线铁路上。

1.1.2 世界电气化铁路的发展

到 20 世纪 50 年代，一些工业发达国家为了完成急剧增长的运输任务，以及与其他运输业竞争的需要，开始大规模进行铁路运输业的现代化建设，主要是牵引动力现代化的建设。电气化铁路的建设速度不断加快，修建的国家逐渐增多。电气化铁路发展最快的时期是20世纪60~70年代，平均每年修建达5000km以上。其中苏联修建了2003km，德国486km，法国368km，意大利341km，波兰335km，日本332km，南非285km，印度272km。到20世纪70年代末，在工业发达的西欧、日本、苏联，以及东欧等国家，运输繁忙的主要铁路干线都已实现了电气化，而且基本上已经成网。现在，这些国家正在集中力量修建时速200km以上的高速电气化铁路。

20世纪80年代以后，一些发展中国家，如印度、南非、朝鲜、土耳其、巴西、智利、摩洛哥、刚果等国家的电气化铁路发展速度加快。其中南非1997~1998年2年就修建了7898km电气化铁路，平均每年建成近4000km，创造了当时世界上电气化铁路建设速度的历史记录。

1.1.3 高速电气化铁路

高速电气化铁路与普通电气化铁路相比较，具有以下特点：（1）速度快。高速电气化列车速度已达150km/h。（2）运输能力强。高速电气化铁路单方向的运能、运量是航空的10倍，是高速公路的5倍，可以取得最大效益。（3）工程造价低、运输成本低。高速电气化铁路基础设施的造价比4车道高速公路低18%，其运输成本只是航空的1/5，高速公路的2/5。（4）安全可靠。（5）能耗低。高速电气化铁路、小汽车、飞机的平均每人公里耗能比为1：5.3：5.6。（6）占地少。高速电气化铁路占地只有高速公路的25%。（7）效益好，利于环保。投资回收期约为10年，同时它对周围环境污染少。

目前工业发达国家竞相发展高速电气化铁路的两种途径是：一是改造原有旧线路，发展时速不超过160km的准高速铁路；二是修建新干线，发展时速200~350km的高速铁路。

日本于1964年建成的东海道新干线，时速为210km，开创了世界高速电气化铁路新纪元。20世纪90年代初，兴建了时速270km的高速电气化铁路，1991年研制的希望号电动车组创造了时速325km的新纪录，并于1992年3月起以时速280km在东京-大阪间投入运营。此期间动工建设了长达3600km的全国高速电气化铁路网。

法国于1981年建成巴黎至里昂距离为398km的电气化高速铁路。第一代TGV高速电动车组的运营时速达260~280km。1988年9月，又推出新一代TGV高速电气化铁路，速度高达300km。1989年底全面开展第三条北方高速电气化铁路的修建，高速线列车运行时速可达300km。使法国境内形成了以巴黎为中心向东南、西南和北部地区延伸的高速电气化铁路网，巴黎通往全国140个城市的电气化铁路时速均达到160km以上。1994年5月，英、法联手修建的英吉利海峡海底隧道正式通车。时速高达300km/h的欧洲之星高速列车横穿海底隧道，从伦敦经巴黎至布鲁塞尔仅需3h。该隧道承担了法、英之间跨海客运量的50%，货运量的30%。

1.1.4 我国电气化铁路发展历程

我国对铁路速度的分档一般定义为：时速100～120km为常速，时速120～160km为中速，时速160～200km为准高速，时速200～250km为快速；时速250～350km为高速，时速超过350km为超高速。

1949年中华人民共和国成立时，我国电气化铁路还是空白。经过3年的努力，我国国民经济得到了全面恢复和初步发展，并从1953年开始了有计划的经济建设。为了开发祖国内地资源，加强西南经济建设和国防建设，国家决定打开通往西南的屏障，修建宝成铁路。1961年8月建成开通了宝鸡至凤州91km第一段电气化铁路，实现了电气化铁路零的突破。经过建设者们7年的艰苦奋战，于1975年7月，676km长的宝成电气化铁路全线建成通车。它的建成在我国铁路建设史上产生了重大影响。到1980年底，我国共建成电气化铁路1679.6km，但与当时国外电气化铁路的发展速度相比，还是十分缓慢的，平均每年修建电气化铁路还不到100km，而且以坡道大、隧道多为特点的山区铁路为主。

党的十一届三中全会确定了以经济建设为中心的基本路线。随着我国改革开放不断向前推进，我国的电气化铁路建设有了突飞猛进的发展。以前平均每年修建不到100km，之后平均每年修建已超过500km。在“六五”期间修建了电气化铁路2507.53km，比过去20年修建的总和还多。特别是1985年一年内就有京秦线、成渝线内（江）重（庆）段、贵昆线贵（阳南）水（城西）段和太焦线长（治北）月（山）段4条电气化铁路共计1169.23km建成交付运营，建设速度之快，是前所未有的。

“七五”期间，我国的电气化铁路建设在建设速度上和技术水平上又上了新台阶。5年内共修建了电气化铁路2787.1km。在这个期间内，除了继续在运煤通道上进行电气化铁路建设外，已开始在客货运输最繁忙的陇海和京广两大干线及通往福建沿海经济特区的鹰厦线上进行电气化铁路建设；同时还修建了我国第一条以运煤为主开行万吨重载单元列车的大秦双线电气化铁路。20世纪90年代是我国社会主义现代化建设的关键时期，也是我国铁路由滞后型向基本适应型转变的重要时期。为了实现这一重大战略转变，我国的电气化铁路建设，在建设速度上和技术水平上又有了新的突破。在“八五”期间有10条线共计2795.76km电气化铁路建成交付运营。如果加上路外煤炭自管电气化铁路——大准线丹洲营至薛家湾段216.45km，“八五”期间电气化铁路建设里程达3012.21km。

进入“九五”时期，原铁道部根据中央关于加快基础设施建设的精神，作出了“决战西南，强攻煤运，建设高速，扩展路网，突破七万”跨世纪5年（1998~2002年）铁路会战的战略部署，要求5年建成新线5340km，修建复线2580km，建成电气化铁路4400km。我国的电气化铁路建设又掀起了新的高潮。在“九五”期间建成开通了焦枝线济源至关林段、干武线、包兰线兰州东至石嘴山段、京广线北京至郑州段、广深线、襄渝线达县至重庆段、湘黔线怀化至株洲段、成昆线等共计4783.77km，还建成了宝成线阳平关至成都段第二线和广深线第三线，总计达5317km的电气化铁路，平均每年修建电气化铁路1063km。

2001年是新世纪第一年，也是我国实施国民经济和社会发展第十个五年计划的第一年。在这一年建成开通了西康线、京广线武广段、哈大线、朔黄线神池南至肃宁北段、盘西线，共计约2652km，加上株六复线娄底至怀化段长达约2808km。在这一年内动工修建了内昆线宜宾至梅花山段和时速200km的秦沈客运专线电气化铁路；改造既有电气化铁路京秦线和继续筹建我国第一条时速250~300km的京沪高速电气化铁路。

从2001年起，我国开始实施第十个五年计划。在“十五”期间，我国铁路的发展重点是加强路网主通道建设，加快西部铁路发展，继续实施提速战略，适当建设高速铁路，利用新技术改造传统产业。改造传统产业主要是加强对既有线改造力度，加快铁路电气化改造进程，适应国家能源结构调整需要。铁路电气化建设与以往不同的是注重联网效益，成网、成片考虑，以较大幅度提高运输能力。“十五”期间，除完成“九五”期间已经开工的几条线外，还修建了宝兰二线、广深四线、津沈线、京沪线等新线电气化铁路，建设里程约达9000多公里，建设任务十分繁重。

2004年，国务院提出了“引进先进技术，联合设计生产，打造中国品牌”的总体要求，当时铁道部分别从法国、德国、加拿大和日本引进了时速200km及以上高速列车技术，并组织高等院校、科研单位和企业参与高速列车关键技术的消化吸收再创新。以京津城际铁路为例，40多所高校、科研单位，50多位“两院”院士，1000多位教授、研究员，5000多位工程技术人员，140多个企业直接参与了动车组列车的引进消化吸收再创新和零部件的生产。到2005年，我国电气化铁路总里程达到了20000km；到2010年达到了26000km。2001~2010年是我国现代化建设实现第三步战略部署的10年，也是我国由电气化铁路大国迈入电气化铁路强国的10年，是非常重要的10年。2008年，《中长期铁路网规划》中投资规模最大、技术含量最高的京沪高速铁路全线开工，这是我国第一条具有世界先进水平的高速铁路。京沪高速铁路全线铺设无缝线路和无砟轨道，实现了高速度、高密度、高舒适性、大能力、强兼容、高正点率及高安全性的现代化旅客运输。

目前，我国4条主要繁忙长大干线——京哈线、京广线、京沪线和陇海线已经全线实现电气化，6个大区——西南、西北、华北、中南、东北和华东的电气化铁路已经联网。我国的电气化铁路在建设里程、电气化率、电气化完成铁路运量比重、电气化复线率、电气旅客列车运行速度、电气货物列车牵引重量、电气化技术标准化、电气化设备国产化、电气化运营管理现代化、电气化运行可靠性、电力机车和电动车组制造技术及电气化铁路综合运营效益等方面都赶上和超过了世界先进水平。2011 年 6 月 30 日，中国世界上一次建成里程最长的京沪高速铁路通车，全长 1318km，设计时速 350km，初期运行时速 300km。2012 年 12 月 1 日，哈大高速铁路通车运营，全长 921km，成为世界上第一条新建高寒高速铁路。2012 年 12 月 26 日，京广高速铁路全线贯通运营，全长 2298km，成为世界上干线最长的高速铁路。截止 2015 年初，我国电气化铁路运营里程达到 6 万公里，高铁运营里程达到 1.6 万公里，占世界高铁的 60%。中国高铁从无到有，再到引领世界。

1.2　电气化铁路接触网

接触网是电气化铁路牵引供电系统的重要组成部分，是沿着行走轨道架设的为电力机车提供牵引电能的特殊形式的供电线路。高速铁路接触网技术是高速电气化铁路的核心技术之一。

1.2.1　接触网构成简介

在电气化铁路中，电能传递是通过两根线的直流或交流电网，由牵引变电所传输给电力机车，其中一根线是专门的接触导线，第二根线是钢轨，图 1-1 所示为电力机车工作原理。即电能通过两个活动接触点传输给电力机车——接触线与受电弓之间的接触点和钢轨与车轮之间的接触点。

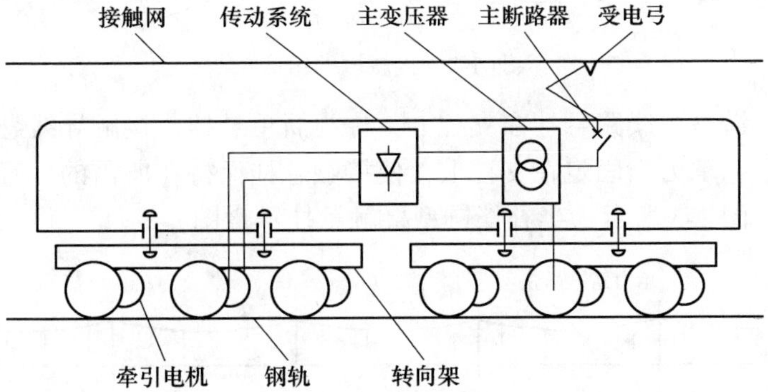

图 1-1　电力机车工作原理

电力机车依靠其顶部升起的受电弓直接接触接触网获取电能。每台电力机车前后各有一个受电弓，由司机控制其升降。受电弓升起工作时，以一定的接触压力紧贴接触线，将电能引入机车，经机车主断路器到机车主变压器，经主变压器降压后经传动装置供给牵引电动机，牵引电动机通过齿轮传动使电力机车运行。

接触网是电气化铁路的重要组成部分，包括接触悬挂和支持结构装置，任务是通过与受电弓的接触将电能从牵引变电所传输给电力机车，为其提供不间断的电能。接触悬挂包括接触线、承力索、吊弦和连接零件。接触网的组成如图 1-2 所示。

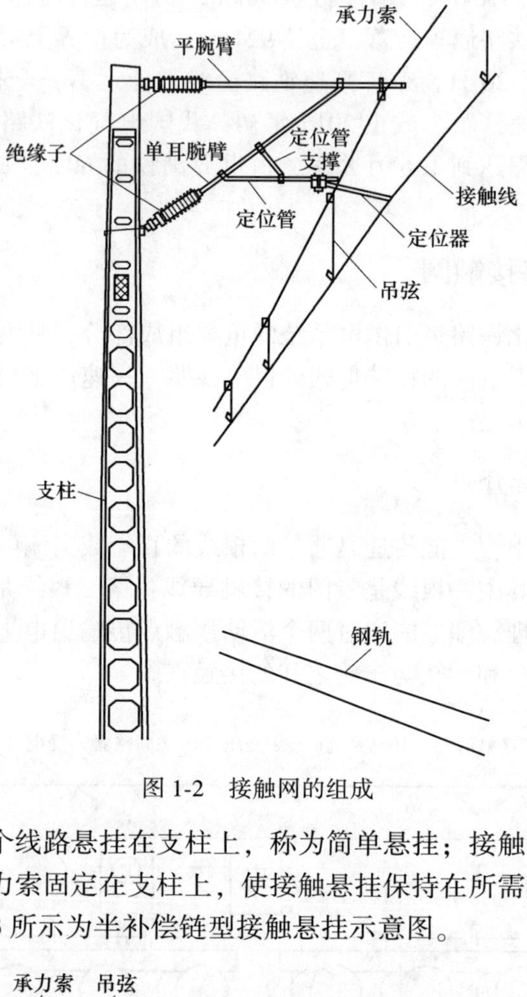

图 1-2　接触网的组成

接触导线沿整个线路悬挂在支柱上，称为简单悬挂；接触导线悬挂在纵向布置的承力索上，承力索固定在支柱上，使接触悬挂保持在所需的位置上，称为链型接触悬挂，图 1-3 所示为半补偿链型接触悬挂示意图。

图 1-3　半补偿链型接触悬挂示意图

1.2.2 受电弓

受电弓是安装在电力机车顶上的一个电气装置，如图 1-4 所示。受电弓的滑板由支架和固定在支架上的接触滑块组成，滑板固定在托架上。滑板材质主要材料为纯金属、粉末冶金材料、碳等。工作原理是弓头上的滑板与接触线接触，从接触线获取电能。接触滑块通过滑动接触从接触线上直接取流时，允许对接触线做纵向和横向的相对位移。

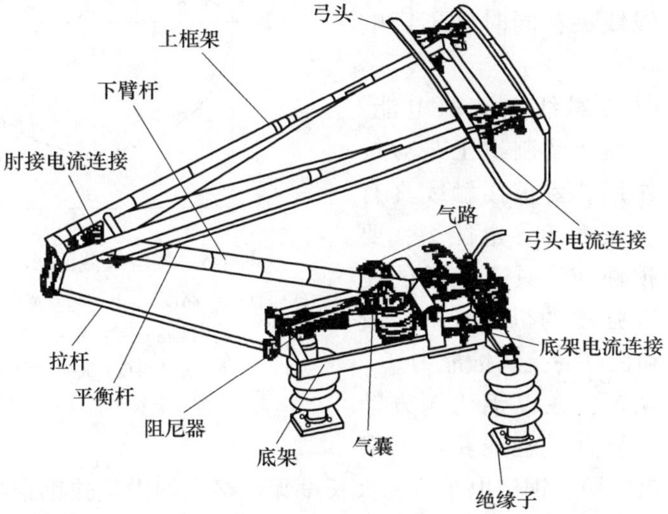

图 1-4 受电弓

受电弓的托架可以不受框架运动的影响，使滑板产生垂直位移。在受电弓的滑板和活动系统之间安装有弹簧，当受电弓通过接触线表面高低不平或接触硬点时，该弹簧可以改善受流。

采用半补偿或全补偿简单链形悬挂已成为我国常规速度电气化铁路的基本模式。哈大线引进德国 Re200 标准接触网是难得的借鉴。从经济和技术两方面综合考虑，低净空隧道以采用简单链形悬挂为宜。

在京津城际铁路建设中，针对牵引供电及接触网系统，科研人员研究确定了符合中国国情、与京津城际线路基础设施相适应的接触悬挂技术方案，保证满足时速 350km 的运行目标要求。经技术分析并借鉴国外高速铁路的成功经验，接触网的悬挂形式确定为简单链型悬挂。接触网结构轻量化是实现较好动态弓网关系的关键因素，京津城际铁路采用了防腐性能好、重量较轻的铝合金腕臂结构和铝合金定位管。这一技术方案的确定，使京津城际铁路接触网悬挂系统形成了具有中国特色的技术特点。

1.2.3　接触线

接触线是接触网中直接和受电弓滑板摩擦接触获取电流的导线，图 1-5 所示为接触线的截面形状。

接触线截面犹如一个整体圆，在其上部左右对称地被挖去了 2 个三角形，形成 2 个沟槽。沟槽是为了便于安装固定接触线线夹，同时又不影响受电弓获取电流。

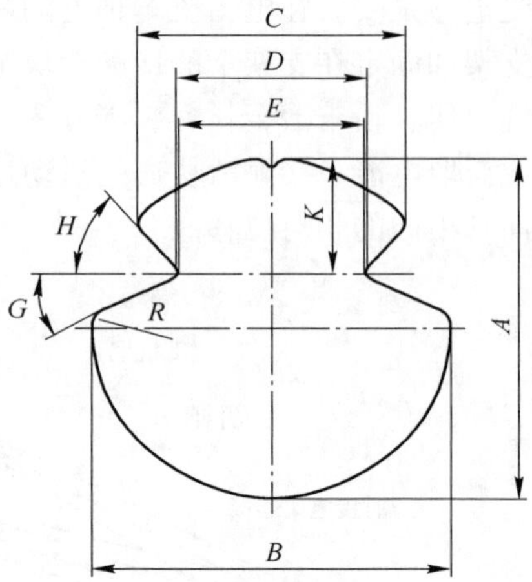

图 1-5　接触线截面形状示意图

A—截面直径（高度）；*B*—截面宽度；*C*—头部宽度；
D—（沟）槽底间距；*E*—（沟）槽尖间距；
K—头部高度；*R*—圆角半径；
H—上斜角；*G*—下斜角

电力机车从接触线上获取电能。接触线的材质、性能及制造工艺对接触网具有重要作用。要求接触线具有较小的电阻率、较大的导电能力；要有良好的抗磨损性能，具有较长的使用寿命；要有高强度的机械性能，较强的抗张能力和良好的抗腐蚀能力。

我国由于缺铜，在以铝代铜方针的导向下，钢铝复合接触线获得了很大的发展。以铝代铜、钢铝电车线、大长度无焊接头的内包式钢铝接触线为中国之特色。钢铝复合接触线有外露式和内包式两种，见表 1-1。20 世纪 90 年代以前，我国约 70%的电气化铁路使用钢铝复合接触线（包括矿山电气化运输）。

表 1-1　钢铝复合接触线

名称		型号	材质	截面等级/mm^2	结构
钢铝复合接触线	内包梯形钢	GGLN	钢—铝	250—62/188，等效铜直流电阻，截面 $120mm^2$ 和 195（85）—55/140	
	外露异钢	CGLW（a）		215（100）—67/148	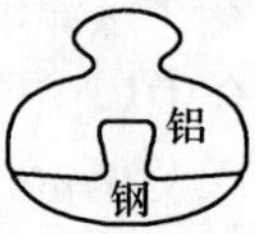
		CGLW（b）		173（80）—54/119	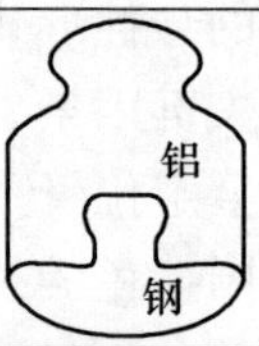

续表 1-1

名称		型号	材质	截面等级/mm²	结构
钢铝及铝合金复合接触线	内包钢单线、内包钢绞线，钢、铝及铝合金复合接触线	CGLHD (a)	钢单线—铝—铝合金	195 (85)—4.9/87.8/101.7	
		CGLHD (b)		260 (150)/10.0/134.0/116.0	
		CGLHHF	钢绞线—铝—铝合金	260 (150)/9.3/134.0/116.0	

钢铝复合接触线的主要优点是拉断力大、抗事故能力强；其缺点是耐腐蚀性比铜或铜合金差，钢与铝会脱开。特别是钢外露式的钢铝复合接触线，在接触线储存期间和架设完线路通车以前，由于钢容易受到腐蚀，通车后受电弓与接触线之间容易陷入打火花-烧蚀-不平-打火花的恶性循环。根据 GB 12971—1991《电力牵引用接触线标准》，虽然表 1-1 中接触线的型号和结构较多，但主要生产和使用较多的是 CGLN 型内包梯形钢钢铝复合接触线，特别在 20 世纪 90 年代更是如此。到 2003 年这种接触线在包（头)—兰（州)、太（原)—焦（作）和朔(州)—黄（骅）线等电气化铁路上还正常运用。

1.2.4 弓网关系

弓网系统即受电弓滑板在接触线上滑动接触时形成的系统，它由接触网和受电弓两部分组成。接触网是指架设在轨道上方沿线向机车提供电能的电力传输网，它是向电气化铁路提供稳定电力支持的关键部件，主要由接触线、承力索和吊弦等组成。受电弓是电力机车从接触网获取电力的主要元件，通过滑板与接触导线接触，在静止或滑动状态下获取电能。受电弓滑板是电力机车的重要部件，安装在受电弓上与接触网导线接触，滑板从接触网导线上获得电流，为机车供应电力。

接触网导线与受电弓滑板构成一对机械与电气耦合的特殊摩擦副，其工作特点如下：(1) 周期性随机变化的载荷；(2) 接触时有强电流通过；(3) 高速滑动；(4) 环境条件复杂多变，滑板的主要失效形式是磨耗到限，碳滑板可能因折断、脱落掉块必须更换。电力机车上的滑板一旦失效将严重危及行车安全。因此，要求它的使用必须经济安全，既对接触网导线磨耗小，自身有足够的使用寿命，又不影响弓网体系。一般来说，受电弓滑板需具备如下特性：良好的导电导热性能、足够高的机械强度、低的电阻率和接触电阻、良好的减磨性和自润滑性能、一定的耐磨性、良好的耐热耐电弧性能、好的耐气候性能、便于实现轻量化和标准化、与接触导线有良好的匹配性能，此外还要求具有价格低、安全性好、环境负荷小的特点。

1.2.5 弓网电接触

弓网电接触是指受电弓滑板与接触线相互接触并通过接触界面实现电流传输的物理、化学现象。电接触理论认为，固体表面微观上均为凸凹不平，有凸峰也有凹谷，峰谷的形状、高度、平均间距等几何参数与表面加工工艺有关。两接触组件间的接触表现为两接触面的凸凹处在外力作用下形成不连续斑点接触。有学者指出，当电流通过接触元件时，实际上电流将集中流过那些极小的导电斑点，因而在导电斑点附近电流线会收缩，使电流流过的路径增长，有效导电面积减小，出现局部附加电阻（称为“收缩电阻”）。如果电流通过的导电斑点不是纯金属接触，而是存在可导电的表面膜，则还存在另一附加电阻(称为膜电阻)，这两部分电阻之和称为接触电阻。当电流通过导体与导体的接触处时，接触电阻两端产生接触压降，并在接触电阻上产生焦耳热，使收缩区的温度升高。导电斑点上的温度超过收缩区外导体的温度的数值称为斑点的“超温”。

电接触按工作方式分为三大类：（1）固定电接触。触头在工作过程中没有相对运动。(2）滑动及滚动电接触。在工作过程中，触头间可以相互滑动或滚动，但不能分离。（3）可分合电接触。在工作过程中可以分开或闭合的接触。固定电接触存在的主要问题是接触电阻、接触温升和接触熔焊。滑动电接触除存在上述问题外，还有触头之间的摩擦、润滑和磨损。可分合电接触在工作期间常出现电火花或电弧，电弧的热等离子体与接触元件相互作用，会带来比固定电接触和滑动电接触严重得多的问题。因此，在三种形式的电接触中，接触电阻、接触温升和接触熔焊是电接触普遍存在的共性问题，摩擦、润滑与磨损是滑动电接触的特殊问题；电弧放电引起的温升、熔焊和磨损在可分合电接触工作中负担最重，因而也是最突出的问题。

滑板与接触线组成的系统工况极其复杂，具有周期性随机变载荷、强电流、高电压、高速滑动、移动拉弧、环境条件复杂多变等特点，其构成了一对在复杂环境条件下机械与电气磨损耦合的特殊摩擦副；同时，在实际运行中，该摩擦副还具有工况参数、材料配副和磨损历程等方面的不确定性。

1.2.5.1 固定电接触

接触电阻是弓网电接触的基本参数，接触电阻与弓网材料、弓网接触压力、接触形式、接触面状况等因素有关。当滑板与接触线材料确定后，接触电阻与接触压力的1/2方成反比。不同的滑板和接触线材料组合，其接触电阻是不同的。碳滑板与铜镁接触线的接触电阻最大，滑动接触过程中的电火花最剧烈。

静止电气列车受电弓滑板的取流量与接触材料匹配、接触压力、运行时间等因素对弓网系统的静态温升均会产生影响。对静止状态下受电弓滑板与刚性接触网的接触温升-接触压力-取流量相互关系进行试验，结果表明，弓网接触压力在60~120N范围内变化时，接触温升对接触压力的变化不敏感，单纯增加或减小接触压力不能显著改变弓网系统的静态电接触特性。

弓网系统静态接触压力取值应根据弓网系统的实际运行状况确定，主要决定因素为电气列车静态取流量、弓网系统燃弧率及接触线与受电弓滑板的材料匹配。无论是城市地铁列车还是高速铁路列车，动车组弓网系统的设计应充分考虑电气列车静态取流量的要求，因为在所有架空接触网设施的损坏中，有很大比例是由接触线和滑板两者之间不良电气接触带来的短期热效应造成的。

1.2.5.2 滑动电接触

在电气列车起动和短路两种情况下，对弓网系统电流引起的接触线热过程进行仿真，结果表明，正常的起动电流不会影响弓网系统的运行可靠性，但电气列车短路电流对接触点处接触线的损害往往是致命的。

实际上，车辆静止不动、缓慢移动高额取流、接触滑板磨损和损坏都可能引起接触线局部过热，导致接触线抗拉强度下降。

滑板与接触线滑动接触过程中产生的磨耗可以分为机械磨耗、化学磨耗和电气损耗等，机械磨耗通常又分为黏结磨耗、硬粒磨耗和疲劳磨耗。

1.2.6 载流摩擦

载流摩擦磨损就是带电情况下的摩擦磨损，指处于电场中的摩擦副在电流通过条件下接触摩擦副发生的复杂摩擦磨损行为，如电气化铁路受电弓滑板/接触网导线接触副、发电机和励磁电机的碳刷和电极接触副、受电靴/第三轨接触副以及运载火箭升空过程中的整流装置等，都工作在滑动摩擦过程中，在有电流通过情况下，其摩擦磨损性能的特殊性，表明它是一种特殊工况条件下的摩擦学问题。

载流磨损试验研究大多在改装或自制的试验机上进行，常见的试验装置有环-块式、销-盘式和线-滑块式等三大类，其试验装置如图1-6所示。环-块式和销-

盘式可模拟较高的滑动速度，其中德国前 AEG 公司设计与制造的接触线试验台可进行高达 500km/h 的高速试验；线-滑块式试验机能模拟接触线的弹性悬挂，但由于是往复滑动试验，试验速度都很低；销-盘式试验机具有测量摩擦力、环境控制和添加润滑剂等优点。

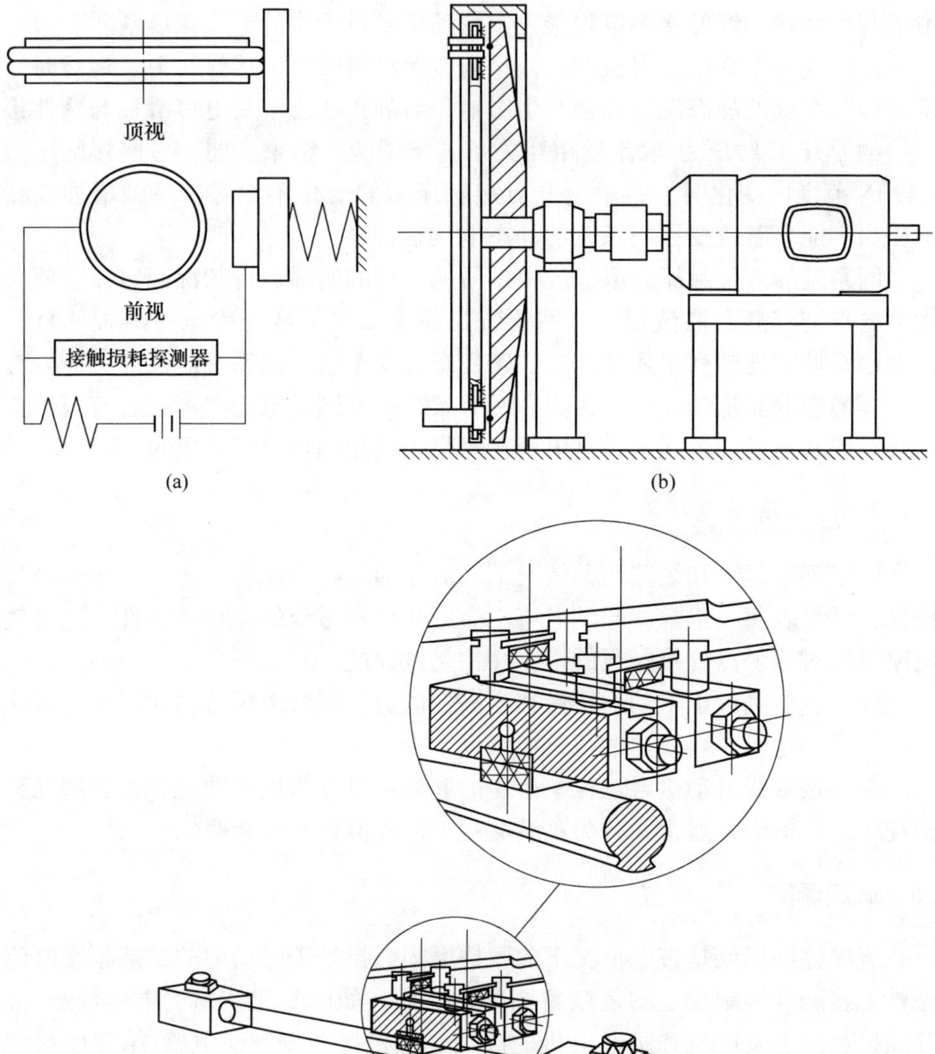

(a)　(b)　(c)

图 1-6　三种典型的试验装置

（a）环-块式；（b）销-盘式；（c）线-滑块

载流摩擦磨损是一个较复杂的摩擦过程，其性能很大程度上依赖于接触材料的化学成分、几何尺寸、气氛环境、表面温升、离线放电及摩擦副对磨时试验参数设置。近年来电气化铁路向高速、重载铁路快速发展，其对弓/网系统中载流摩擦副-受电弓滑板/接触网导线高速滑动过程中接触副材料的抗摩擦磨损性能和受流性能的稳定性要求越来越高，这引起了国内外学者对载流摩擦学性能的深入研究。

1.2.6.1 接触压力

受电弓和接触线间的可靠接触和相互作用，是保证电力机车良好受流的重要条件。受电弓和接触线之间存在一定的接触压力，当接触压力过大时，会增加接触线和受电靴的异常磨损，缩短其使用寿命；接触压力过小时，会使它们之间接触不良，使供电时断时续，甚至引起火花或电弧，以致烧损接触线。接触压力直接影响接触配副的使用寿命、维修费用及稳定运行。

葛毅成等人研究了载荷、时间、速度对 C/C 复合材料摩擦磨损行为的影响，发现不同载荷下试样摩擦系数波动幅度不一样，但是基本上围绕某一平均值波动，其中 60N、80N 时摩擦系数的波幅较大。随载荷增加，配副间的接触面积增加，犁削磨损增加，磨屑的磨损、成膜、损耗不一致，生成的磨屑膜厚度、连续性和润滑能力不同。20N 时因载荷低磨屑难成膜，摩擦表面的磨损高；40N 时能生成连续的磨屑，摩擦表面磨损低；60N 时因载荷高，磨屑难以隔离配副接触，摩擦表面磨损大。

凤仪等人研究了压力对碳纤维-铜-石墨复合材料电磨损性能的影响。纯机械磨损时，复合材料的磨损体积与压力成正比；而在电磨损条件下，复合材料的磨损体积随压力呈现 U 形变化。压力过小时，电刷的跳动产生的火花磨损导致了复合材料电磨损体积较大；压力过大时，破坏了电刷和换向器之间形成的润滑膜，产生的犁削和黏着磨损导致复合材料磨损体积急剧增加。凤仪等还研究了压力对碳纳米管-银-石墨复合材料接触电压降的影响，结果表明：当压力较小时，电刷的跳动产生火花，电弧侵蚀使得磨损剧烈、接触面粗糙度变大；同时，接触电阻变大也导致复合材料接触电压降上升。随着压力增加，接触副的跳动减小导致了电火花出现少，磨损较轻；同时，大的正压力造成复合材料电刷和换向器的实际接触面积增大，从而导致接触电阻减小和接触电压下降。

徐晓峰等人研究了载流条件下铜基粉末冶金材料的摩擦磨损行为，结果表明，载流条件下接触压力对材料摩擦磨损性能的影响与干滑动摩擦下完全不同。干摩擦条件下，随着接触压力的增加，材料的磨损率显著增加但摩擦系数降低；载流条件下，随着接触压力的增加，摩擦副摩擦系数增加，磨损率则在一定的低载范围内出现降低趋势，法向压力的进一步增加引起磨损再增加。载流条件下，一定的接触压力有利于保证载流摩擦表面稳定的接触，尤其是对电力机车而言，适当的接触压力有利于改善载流受流质量，减少电弧产生和材料的磨损。

董霖等人研究了载流下钢铝复合导电轨/集电靴对磨的磨损机制，发现在带电摩擦磨损过程中存在一个临界的法向压力。当大于等于临界值时，摩擦系数、磨损率都随着电流的增加而增加；当小于临界值时，摩擦系数随着电流的增加而减小，而磨损率随着电流的增加剧烈增加。原因是由于当法向压力大时，摩擦副配合紧密，磨粒磨损和黏着磨损导致磨损率很低；当法向压力小时，接触副放电严重，电弧烧蚀和高温氧化磨损都造成了磨损的显著增加。

1.2.6.2 电流

载流磨损特性表明，电流对其接触副的摩擦磨损性能影响尤为突出，国内外学者对电流参数的影响进行了较多的研究。1994 年，P. Liu 等人研究了 Cu-Nb 原位复合材料的电滑动摩擦磨损行为，发现工具钢盘试样与 Cu-Nb 销试样的摩擦系数随电流密度增大先升高再下降，Cu-Nb 销试样的磨损量与电流密度的关系与摩擦系数随电流密度的变化趋势一致。其原因是初始阶段摩擦表面间的微凸峰被融化，引起摩擦系数与磨损量的升高；随着电流密度继续增大，摩擦面上的氧化膜增厚，表面的黏着性能降低，剪切应力集中在接触面，从而引起磨损量和摩擦系数降低。

Z. Chen 等人研究了 Cu-15% Cr 原位复合材料干滑动下的电摩擦学行为。研究了电流对铜-铬复合材料/AISI52100 钢摩擦副的摩擦性能的影响，发现由于电流增大，引起表面温度升高，使表面材料膨胀，从而须克服的剪切力减小。因此，随着电流的增大摩擦系数和磨损率均降低，且铜铬复合材料随电流的增大其亚表层塑性变形厚度变薄。

M. Milkovic 等人研究了脉冲电流幅值对石墨电极/电刷动摩擦系数的影响，发现脉冲电流加入引起吸附湿气的电解和电化学氧化导致金属氧化膜的形成，使得动态摩擦系数下降；而无电流时摩擦系数又开始上升到原来的值。A. Senouci 等对石墨/铜电滑动接触下的磨损机制进行了研究，发现电流的加入使得摩擦副的摩擦系数降低，摩擦磨损过程中电流强度的大小显著影响接触副表面材料的转移及转移层的厚度。

Y. Feng 等人研究了电流对 CNT-Ag-G 复合材料摩擦磨损性能的影响，发现碳刷与金属圆柱对磨时，接触副材料的黏着作用使得初始状态摩擦系数比稳定状态摩擦系数高很多，随着自润滑膜形成，稳定状态摩擦系数开始减小。无电流时摩擦表面形成了良好的润滑膜，导致无电流时的摩擦系数比有电流时的摩擦系数小。电流加入产生的电流热使得摩擦副机体接触表面粗糙，和接触面材料机械性能弱化，从而导致摩擦磨损过程中电刷磨损严重。因此，电刷有电流时的磨损率比无电流时的磨损率大很多。

李鹏等人在载流条件下研究了铬青铜/纯铜摩擦副摩擦磨损性能。电流的增加导致销试样磨损率的增加，同时摩擦系数也增加。其原因是电流使摩擦表面引起电弧产生大量的电流热和电弧热，使得摩擦表面温度急剧升高引起材料氧化，电弧烧蚀和氧化磨损导致了磨损加剧；随着电流增加，接触表面黏着磨损越来越严重，摩擦副相对滑动时需要撕裂的黏着点增多，从而导致了摩擦因数增大。

S. G. Jia 等人对高速电气化铁路铜基滑板材料对磨时铜合金接触线的滑动磨损行为进行了研究，发现随着电流的增大，Cu-Ag-Cr 合金线的磨损率在低电流下（<22A）增加缓慢，中等电流（22~30A）下快速增加，大电流（>30A）下又缓慢增加。无电流时的磨损率较小，且随滑动距离的增加磨损率的增加趋势比较稳定，其主要原因是低电流时速度和法向载荷对磨损率影响较大；高电流时电流热磨损和电弧烧蚀作用掩盖了速度和法向载荷的影响。

刘敬超等人研究了铜基粉末冶金载流摩擦磨损微观形貌，较低电流时，销试样磨损表面形成一层光亮的氧化层，摩擦表面被氧化生成铁的氧化物；较高电流时，摩擦表面生成氧化铜的熔融物，氧化物成分的不同引起电弧烧蚀的程度不同，从而导致了不同电流时磨损机制不同且磨损率相差很大，其原因是销试样高速通过盘表面低凹部分形成离线电弧放电，造成严重的电弧烧损，电弧高温引起热磨损，都导致接触副材料的异常磨损。

电流对摩擦副材料摩擦性能的影响可从以下两个方面解释：一方面，电流的通入在原有摩擦热基础上，使接触电阻热和电弧热导致接触面温度升高，表面温升引起接触面高温软化，导致接触副摩擦系数下降；与此同时，温度的升高引起了接触材料表面氧化，积累的氧化膜的润滑作用，也使得摩擦系数降低；另一方面，接触副材料具有良好的自润滑性能，电流的通入产生的热量导致材料自润滑性能失效或破坏，同时高温可能造成接触表面机体机械性能弱化，增加表面粗糙度，摩擦区域接触性能恶化导致接触副摩擦系数增大。而电流对摩擦副材料磨损性能的影响基本一致，普遍认为电流的增加导致了磨损加剧。无电流时，接触副以机械磨损（磨粒磨损和黏着磨损）为主，其对摩擦副材料的损伤不大，导致磨损较轻。加入电流后，在原有机械磨损的情况下又发生电气磨损（氧化磨损和电弧烧蚀），而电气磨损比机械磨损大很多，因此，带电情况下磨损量比无电流时要大很多。

1.2.6.3 电源极性

不同的电源极性会引起接触回路电流流动方向改变。不同极性下发生的电化学反应直接影响接触副材料转移和磨屑积累，从而显著影响接触副的摩擦磨损性能。

A. Senouci 等人研究了石墨/铜电滑动接触下的磨损机制，发现电源极性对接触表面、转移层、接触电压降和接触磨损具有重要的作用。摩擦过程中转移层依赖于电流强度和电源的极性，电源的极性决定了转移膜的性质。当铜接电源阳极时，铜表层形成很薄的氧化铜；而当它接电源阴极时，其表面主要是很厚的一层碳和铜氧化物的混合层。

A. Bouchoucha 等人研究了电场对电极铜/钢接触副摩擦学行为的影响。发现滑动接触过程中，阳极金属表面氧化膜的增长率比阴极大。当铜导线接电源正极时，转移到导线上的铁元素随着电场强度的增加而增加；当铜导线接电源负极时，硬质的氧化铁和氧化铬颗粒在接触面形成，导致了很高的摩擦系数和严重的磨损。

朱润生等人对电摩擦效应的机理进行研究，发现不同方向的直流电流使得摩擦系数变化的幅度最多达到 23%，正向电流使摩擦系数减小 5%～13%，负向电流使摩擦系数增加 5%～10%，不加电流时摩擦系数无任何变化。电场对接触副间润滑介质的作用可引起接触副摩擦系数和金属表面的吸附特性发生改变，同时吸附膜的厚度也随之发生变化，最终导致摩擦系数的变化。润滑剂中极性分子在电场作用下，带负电的羟基分子团被吸向作为电场正极的销子表面，带正电的碳链被吸向钢盘表面销子受摩擦力的拖动后只发生极为有限的微动，而钢盘是连续运动的，摩擦更多地发生在碳链之间，且长的碳链是比较有效的润滑剂，所以这种情况下摩擦系数比无电场时低。施加反向电场时情形刚好相反，极性分子团的吸附方向发生改变，羟基分子团更多地聚集在钢盘表面，摩擦也更多地发生在梭基分子团之间，羟基之间的黏着作用不仅比碳链之间的黏着作用强得多，也比无电场作用时只有较少的梭基分子团吸附在盘表面这种情况下的黏着作用强，所以施加反向电场时摩擦系数达到最大值。

徐屹等人研究了碳纳米管-银-石墨复合材料的电磨损性能，发现复合材料的磨损存在着极性差异，正电刷磨损量始终大于负电刷的磨损量。随着电流密度的增加，正电刷磨损量成倍增加，而负电刷的磨损变化不大，电流密度越大，极性差异越明显。其原因是附着在电刷/换向器摩擦副表面的水膜电解，在正极表面析出 O_2，发生氧化反应生成 Cu_2O 或 CuO，使正电刷的内部结合力减弱，磨损量增大，磨损量随着电流密度的增大而成倍增大；而负极表面析出 H_2，发生还原反应，磨损量受电流密度的影响很小。

Y. Feng 等人研究了电流对 CNT-Ag-G 复合材料摩擦磨损性能的影响，发现 CNT-Ag-G 碳刷与金属圆环对磨时，在滑动时间内正极碳刷的磨损量比负极碳刷磨损量大。原因是在电场影响下空气中的水分子分解，当电流从正极电刷向金属环时，H^+ 向金属环移动，OH^- 向正极电刷移动，正极的金属或碳与负氧离子发生氧化反应，降低了晶粒与基体的结合力，晶粒易脱离基体而排出，因此，正极碳刷磨损量较大。

董霖等人研究了电极性对地铁第3轨摩擦磨损行为的影响，结果表明不同极性条件下，钢-铝复合轨不锈钢带的盘试样与受电靴销试样间摩擦系数比较接近，规律性不强，随着电流的增加基本呈现减小的趋势。由于载流摩擦副之间的表面过渡层中的水在电场作用下分解成 OH^- 和 H^+，氢氧根离子流向正极并析出氧气，高温阳极氧化的作用降低了接正极的受电靴摩擦副材料表层的结合强度，加剧了材料的磨损，从而导致受电靴接电源正极时摩擦副的氧化程度和磨损体积损失比接负极时的严重。

电源极性对接触副材料的摩擦磨损性能的影响主要原因有两方面：一方面，电流的方向引起了摩擦副表面接触尺寸的变化；另一方面，电流的介入使得接触界面发生电化学反应，造成接触材料表面氧化物的生成和排出，氧化膜的膜形成和破坏。

1.2.6.4　速度

速度的提高，会使本来就复杂的载流摩擦磨损系统产生一些新的问题。高速引起的弓网振动和弓网接触不平顺，以及弓网离线放电的出现，都会直接影响接触副材料的使用寿命和维修的费用。

A. Senouci 等人研究了铜/钢电滑动接触下的表面损坏。滑动速度是影响摩擦副摩擦系数的重要参数，低速（$v<1.2$m/s）时，在氧气中摩擦系数在0.55~0.6之间变化，在空气中摩擦系数在0.65~0.75间波动；高速（1.2m/s$<v<$8m/s）时，摩擦系数减小并稳定，在 $v=5$m/s 时不同环境下摩擦系数大约为0.5。低速时，摩擦系数和磨损率很高。速度为1.2m/s$<v<$5m/s 时，由于高接触电阻造成接触副温度增加，氧化也增加，紧密的氧化层在导线表面形成，氧化物的润滑作用阻止了接触面损坏；速度为5m/s$<v<$8m/s 时，温度进一步增加，引起氧化层脆裂，基体的强度很低，引起接触中断，材料基体软化导致摩擦系数变小并保持0.5作用，但磨损增加。

E. Csapo 等人研究了氢气条件下石墨/石墨动态电接触下的摩擦特性，发现在氢气条件下，无电流时存在一个临界的速度将石墨/石墨对磨分为两种摩擦状态：0.001m/s$<v<$0.04m/s 时，处于摩擦系数 $\mu=0.06$ 的低摩擦状态；0.12m/s$<v<$0.5m/s 时，处于摩擦系数 $\mu=0.07$ 的高摩擦状态；而在0.04m/s$<v<$0.12m/s 时，摩擦状态是随机的，摩擦系数在0.06~0.07之间波动。主要由于接触振动和表面初始状态的毁坏，与实验中参数值的大小无关。临界电流以下，电流的通过改变了低摩擦状态；临界电流以上，速度增加引起电流临界值减小，都将导致摩擦系数平均值的改变。

李庶等人研究了滑动速度对 CNTs-Ag-MoS_2-Cgraphite 复合材料电磨损性能的

影响。随着滑动速度的增加，接触表面的气体润滑膜会随之增厚，且气体润滑的摩擦系数比固体润滑膜的摩擦系数小得多，这直接导致了摩擦系数随着速度增加而减小。在纯机械磨损过程中，速度的增加导致了气流的润滑作用增加，从而使得磨损率随滑动速度的增加而降低。在电磨损过程中，速度的增加导致了导电斑点面积减小和收缩电阻增大；斑点上接触电压降增大使得接触斑点温度升高，加速了材料的磨损；同时，高温出现电火花侵蚀也导致磨损率迅速增加。

A. Bouchoucha 等人研究了铜/不锈钢电接触过程中，滑动速度对摩擦磨损的影响，研究表明：低速时（$0.25m/s<v<1.2m/s$），摩擦系数和磨损量达到最高值，摩擦系数一般在 0.54~0.6，主要是由接触时间足够长导致接触副间金属键形成，实际接触面积增大所致。中速时（$1.2m/s<v<5m/s$），摩擦系数显著减小，在 0.54~0.4 间波动，磨损率减少，但磨损增加；其原因是金属键生长的时间变短，温度增加引发氧化，氧化物润滑作用。高速时（$5m/s<v<7.2m/s$），摩擦系数维持在 0.41 左右，磨损率较稳定且磨损增加。滑动速度的增加引起了表面温度上升，温度的升高导致了氧化物形成，同时引起金属接触单元数减小和大量金属发生转移。当氧化层破裂后，次表层的强度开始降低，出现接触中断和铜线的软化，次表层的塑性变形延伸到较小的表层深度。因此，滑动速度的增加导致了磨损呈线性增加，摩擦系数减小并维持在常数值 0.41。

速度的变化引起摩擦副接触面积、接触状态的改变，同时速度变化也将引起界面温度的变化和电弧放电的出现，都将引起表面氧化膜的形成和破坏、磨屑形成和排出以及接触表面化学成分的改变。它们都将直接影响接触副材料的摩擦磨损行为。

1.2.6.5　温度

受电弓滑板在接触线上高速滑动，产生的摩擦热引起了接触副的温度升高；电流加入后，电流的存在形成的电流热以及引起接触副电弧放电的电弧热将导致摩擦副间温度的进一步升高。

Hiroki Nagasawa 等人研究了带电条件下铜合金线在铁基烧结合金滑板上滑动时的磨损机制，结果表明电线的磨损率与接触表面热量密切相关，其热量由滑动过程中摩擦热、接触电阻引起的焦耳热以及受电弓滑板/接触线间离线电弧放电引起的电弧热组成。三种热量产生、积累和合成共同导致了接触副温度的增加。温度的升高导致表面氧化物的形成，氧化膜的润滑作用造成了摩擦系数的降低；温度升高引起的氧化磨损和磨粒磨损，都将导致接触副材料磨损量的增大。

A. Bouchoucha 等人研究了电滑动接触下铜-钢表面氧化和金属转移，通过摩擦界面的总热量（摩擦热与焦耳热的和）计算得出滑动过程中摩擦界面温度达到 600℃，他将滑动速度分为低速和高速，当 $L<0.1$ 时定义为低速，当 $L>5$ 时定义为高速；参数 L 的取值范围直接影响表面温度的计算。低速时，发现导线表面耗散的热量是盘试样表面耗散热量的25倍多。

刘建秀等研究了不同温度下铜基粉末冶金摩擦材料往复滑动的磨损规律，发现在室温时摩擦系数较低，在100~350℃区间，随温度的升高摩擦系数在降低；500℃时摩擦系数最高。摩擦材料对车轮的磨损不是很大，磨损较稳定；室温和300℃材料磨损较少，100℃和500℃时材料的磨损较大，其原因是摩擦表面出现球形石墨润滑层，反复的滑动使得表面光滑，因此摩擦系数降低；500℃时材料发生负磨损，高温时表面氧化层剥落黏附到对偶材料上，铜在载荷作用下的高温黏附使得微凸体塑性挤压和结构调整，导致未氧化表层新材料裸露，使得摩擦系数增加，磨损也增加。

戴利民等人用有限元法对接触点瞬态温升进行了分析计算，并用热失重和差热分析等试验证实了计算结果，认为碳系滑板材料比铜基粉末冶金材料的温升速度和温度都高得多。前者瞬态温升可达600℃，造成材料氧化，是碳基材料磨损严重的主要原因；而后者温升约220℃（低于材料的氧化温度580℃），说明接触点的温升不是铜基粉末冶金材料磨损严重的主要因素。另外，温升可使润滑剂失去作用，因此在接触线与滑板之间使用润滑剂来减少磨损是不现实的，只能考虑使用固体润滑材料。

马少波等人研究了温度对Cu-Sn10-Pb10减摩复合材料摩擦磨损性能的影响。研究发现，常温及100℃时摩擦系数较小，约为0.13~0.15，200℃时摩擦系数达到0.3，随着温度的继续升高，摩擦系数稍有减小，但比室温及100℃时要大，其原因是温度升高，接触微凸体的软化变形加剧，有利于黏着、焊合现象的发生，从而导致摩擦系数增加。温度较高时，铜合金机体软化、强度下降、易流变，摩擦表面易发生剪切滑移，从而造成摩擦系数减小。Cu-Sn10-Pb10减摩复合材料摩擦表面随着试验温度的升高磨损加剧，室温时材料表面形成一层均匀的润滑膜，使得磨损轻微且表面光滑；当温度升高至200℃时，磨损加剧，磨痕深度达0.242mm，磨损表面润滑膜被破坏露出铜基体表面；400℃时磨损表面润滑膜被完全破坏，材料基体发生严重变形，形成塌陷和凹坑，其原因是温度升高使材料润滑膜破坏，铜基体直接参与摩擦且被氧化几率增加，使得材料磨损程度加剧。因此，400℃时材料机体发生严重变形，形成塌陷和凹坑。

温度的升高，导致接触副材料的软化和接触表面材料的氧化，都将造成接触摩擦系数减小。温度升高引起的高温磨损（剥落磨损、黏着磨损）导致接触副材料磨损加剧。

1.2.6.6 气氛

载流磨损一般发生在复杂的大气环境（雨、雪、风、沙等），或者特定气氛

（N_2、O_2、CO_2等）条件下，即周围的环境会对摩擦副材料的摩擦磨损特性造成一定的影响。一些学者通过改变试验环境或气氛，研究其对载流摩擦材料性能的影响。

王观民等人研究了两种不同气氛下钢铜摩擦副摩擦磨损特性。发现CO_2气氛下摩擦副的摩擦系数比O_2气氛下的大，且CO_2气氛下速度对摩擦系数的影响更加敏感；CO_2气氛下的磨损率比O_2气氛下的磨损率要大，且O_2气氛下速度对磨损率的影响更轻。O_2气氛下，CrNiMo 钢材料的磨损机理主要表现为氧化磨损、磨粒磨损；CO_2气氛下，CrNiMo 钢材料的磨损机理主要表现为磨粒磨损、黏着磨损。其原因是氧分子在摩擦热的影响下活性增加，氧化膜在接触副表面生长速度加快，润滑作用使得摩擦系数比CO_2气氛下的小，氧化层较脆，在高速滑动下发生破裂，导致材料脱落形成磨屑，因此O_2气氛下易发生氧化磨损和磨粒磨损。

D. Paulmier 等人研究了 XC48 钢/石墨电或磁滑动接触。在大气环境下，无电流时摩擦系数很高，达到0.35；有电流时，电流引起了摩擦滑动界面氧化，氧化层的润滑作用导致了接触副的摩擦系数减小，仅为0.21。氢气环境下，无电流时，惰性气体原子插入到微晶之间，增强了它们的移动和转动，导致摩擦系数很低，仅为0.15；有电流时，铁的细颗粒从销试样转移到盘试样上，滑动过程中金属的咬合导致了摩擦系数的增大，其值高达0.6。

牛永平等人进行了不同气氛环境中纳米Al_2O_3/PTFE 复合材料摩擦磨损特性研究。发现氧气环境下接触副摩擦系数最小；氧气和氮气混合环境下，摩擦系数最大，磨损量最小；与空气气氛相比，氧气、氧气氮气混合环境下，接触副摩擦系数减小，磨损量降低，摩擦学性能优异。氧气气氛环境有利于 PTFE 及复合材料的摩擦学综合性能，氮气环境次之，氧气和氮气环境有利于增强材料的抗磨损性能。

杨晓伟等人对氮气气氛条件下钢/铜摩擦副的摩擦磨损特性进行了研究，发现在氮气气氛条件下，当载荷 P_v 值较低时，材料以黏着磨损为主。随着 P_v 值的增大，材料的磨损机理转变为黏着磨损和磨粒磨损。在氮气气氛下，由于没有氧化膜的形成和保护作用，磨损严重。金属熔融态下的润滑作用使得摩擦系数显著降低，熔融金属在载荷的挤压下在盘旋转的方向上冷却，形成较大的磨粒，使得磨损面出现明显的擦伤和犁沟。

载流磨损大多出现在恶劣的环境下，如高温、雨天、雪天、无氧气环境（二氧化碳、氮气、氢气或真空）。特殊的服役环境使得载流磨损摩擦副的摩擦磨损性能更为复杂。

1.2.6.7 电弧烧蚀

离线电弧放电是影响高速列车弓/网关系的关键性问题，它不仅造成滑板和接触线材料的异常磨损，影响其使用寿命，而且影响电力机车的稳定受流和平稳运行。

C. R. F. Azeved 等人分析了铁路铜接触滑板的疲劳情况，铜滑板在服役过程中被严重磨损，铜滑板磨损界面“雨点状”磨屑形貌和“柱状”的微观结构表明铜滑板被离线电弧放电烧蚀，其原因是铜滑板在滑动电接触过程中，与接触导线发生离线，引起电弧放电，出现黑色弹坑，使得表面粗糙度变大，接触界面越粗糙，放电越强，恶性循环，造成铜滑板表面磨损严重。

S. Kub 等人研究了浸金属碳接触滑板与铜盘对磨时电弧放电对磨损率和磨损类型转变的影响。结果表明，由于摩擦副材料的过度磨损和摩擦振动造成接触副出现离线，造成离线电弧。电弧放电时的电弧烧蚀使得接触滑板材料磨损增加，接触离线引起电弧放电，磨损类型也从初始状态向稳定状态转变，且磨损类型转变发生在试验开始 5~6min。经统计分析发现，浸金属碳的磨损率与电弧能量的累积值成比例。无论电流强度有多大，在对数坐标系下接触滑板的磨损率与电弧能量的积累之间满足线性关系。接触副在 150V 电压下滑动过程中，接触中断 23ms，发现电压波形出现尖脉冲，电流逐渐消失，此时电压降达到 156V。

冀盛亚等人研究了铜基粉末冶金/铬青铜摩擦副载流摩擦磨损的电弧侵蚀特性，电弧强度和发生频率随着速度的增加而增大。低速下，主要是磨粒磨损和黏着磨损。高速下，主要是电弧浸蚀和黏着磨损。速度增大，电弧发生频率和电弧的强度均增大，电弧烧蚀加剧，造成摩擦表面比较粗糙，微凸峰之间的相互阻碍作用大，因而摩擦系数呈上升趋势；随着摩擦副间的相对滑动速度增大，产生的热量增加，表面温度升高，微凸峰之间的相互阻碍作用减小，接触点剪切抗力降低，接触点更容易被剪断，摩擦系数降低。因此摩擦系数随速度的增大呈先上升后下降的趋势。高速走行会增加离线次数，当销盘之间产生电弧时，电弧能量密度高达 $1\times10^2 \sim 1\times10^4$ W/cm^2，会加剧峰点的软化和熔融，产生电烧蚀，摩擦表面产生烧损坑；同时由于触头材料各相的热膨胀系数不同，形成的各相应变大小不等，相对滑动产生裂纹；在热膨胀系数相同时，在弧根斑点处，由于其温度梯度极高，斑点周围受热应力发生膨胀，熄弧后又收缩，材料反复受拉、压应力产生疲劳裂纹，同时使原有裂纹扩展。接触表面质量下降导致电弧放电频率和放电强度增加，所以随着速度的增大电弧能量增大。在高速滑动与强电流共同作用下，电子对表面强烈轰击，使材料蒸发或产生材料转移，并在接触表面形成凹坑或结瘤；同时由于真实接触粗糙峰减少，它们所承担的电通量加大，接触电阻增大，发热量增大，瞬时温度的升高加剧峰点的软化和熔融，这也加剧了黏着熔焊。所以，高速下主要是电弧侵蚀和黏着磨损。

电弧放电、接触面温度的升高造成接触表面氧化磨损和电弧烧蚀，从而导致接触副材料磨损加剧。电弧烧蚀对摩擦界面摩擦特性的影响体现在两个方面：一方面，电弧烧蚀的凹坑使得接触表面接触恶化，摩擦副粗糙度增加，引起摩擦系数增加；另一方面，电弧放电高温引起表面材料氧化也导致摩擦系数减小。

1.2.6.8 摩擦磨损中电特性

电流流经摩擦副时，产生接触电阻、接触电压和电弧放电。由于接触副间存在接触电阻，当电流经过时产生接触电压降。随着接触电压的不断增加，当接触副间电压大于电弧放电的临界电压时，产生电弧放电。

A 接触电阻

当电流通过两接触元件的接触内表面时，电流将集中流过极小的导电斑，导电斑附近电流发生收缩，电流流过的路径增大，有效接触面积减小，因而出现局部的附加电阻，该附加电阻称为“收缩电阻”，图 1-7 所示为电流收缩现象示意图。电流通过接触区域时遇到金属接触，电子通过极薄的膜时遇到的另一附加电阻称为“膜电阻”，收缩电阻和膜电阻的总和称为接触电阻。接触电阻与导电斑点的大小、形状、数目、分布有关。通常把两接触元件实际发生机械接触的小面积称为“接触斑点”，接触斑点中那些形成金属接触的传导电流的面称为“导电斑点”。影响导电斑点的因素较复杂，接触元件材料、表面粗糙度、接触形式、表面膜状况、接触力、电流大小及通电时间等都与导电斑点大小密切相关。

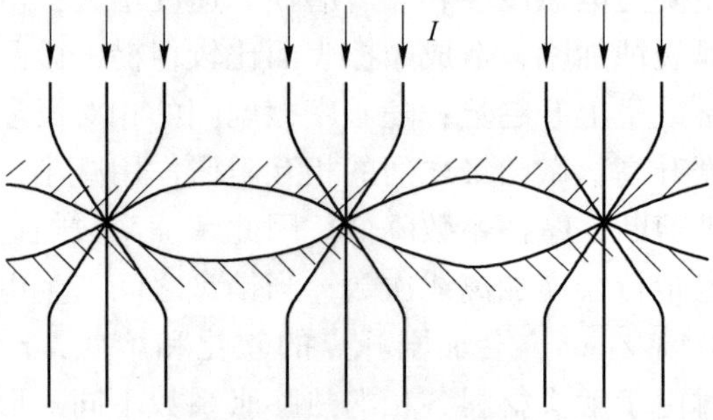

图 1-7 电流收缩现象

弓网系统电接触是指滑板与接触线相互接触并通过接触界面实现电流传输的一种物理化学现象。接触电阻是表征受电弓/接触网电接触特征的重要参数。通过导电斑点的电流增大或接触电阻增高，接触点的电压降必然增大，导电斑点和收缩区内的温度亦会相应增高。温度升高到接触线、滑板材料的软化点和熔化点时，接触线、滑板材料在接触处就会发生软化和熔化。受电弓滑板与接触线刚开始使用时，表面均有一层导电率较差的表面膜，弓/网滑动接触过程中，拉弧现象较明显。随着受电弓滑动次数的增加，接触线的表面膜被破坏，此时的接触电阻只有收缩电阻部分。弓网系统的接触电阻与滑板及接触线材料的电阻率、导电斑点数目、接触硬度、接触力大小有关。准确计算弓网系统的接触电阻较困难，通常进行估算或通过试验得到。

电气化列车停车时，其内部设备的运转仍需通过相对静止的弓网电接触点获取电能。由于接触电阻的存在，当电流通过时必然产生焦耳热，使弓网系统接触点局部区域温度升高，严重时温升可达到滑板和接触线材料的软化点、熔化点，甚至发生接触线断线事故。

B 接触电压

电流通过导体与导体的接触处时，由于接触电阻的存在，在电流收缩区两端必然会出现一定的电压降，该电压降称为“接触压降”。由于接触电阻产生焦耳热，使得收缩区的温度升高，当温度达到接触导体材料的软化点和熔化点时，导电斑点及其附近的金属就会发生软化和熔化，其对应的接触压降称为材料的“软化电压”和“熔化电压”。图 1-8 所示为接触副滑动电接触过程中，接触电压随时间的变化规律。

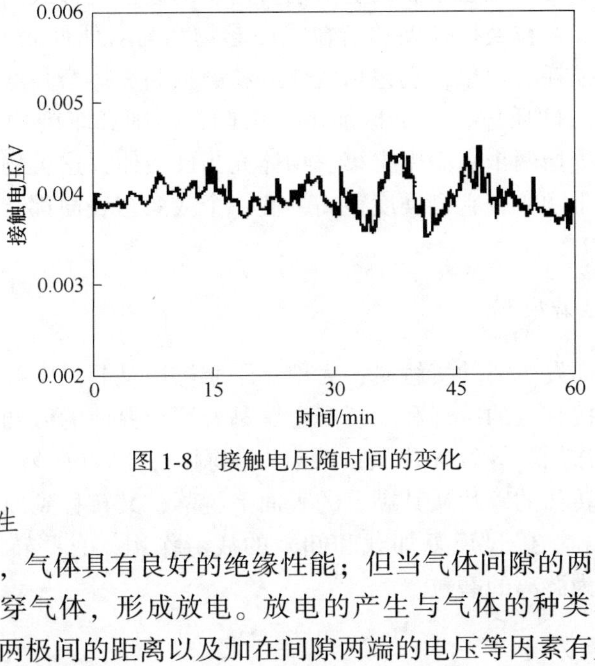

图 1-8 接触电压随时间的变化

C 电弧发生

正常情况下，气体具有良好的绝缘性能；但当气体间隙的两端加上足够大的电场时，可以击穿气体，形成放电。放电的产生与气体的种类、压力、电极材料、几何形状、两极间的距离以及加在间隙两端的电压等因素有关。

电弧是由于接触面间的电势差超过临界值产生的。当接触面间的电势差超过临界值 V_0时，阴极表面的电子被拉出，向正极做加速运动，在途中与空气层或金属蒸气碰撞游离，产生电弧。电弧可以分为两类：蒸气电弧和气体电弧。蒸气电弧发生在金属蒸气中，起支配作用的微粒是金属离子、金属原子，由阴极发射的电子，以及电子与金属蒸气发生非弹性碰撞激发的电子；气体电弧中，起支配作用的粒子为气体离子、气体分子（原子）和金属原子。

1.2.7 摩擦磨损

磨损是两个相互接触的固体表面在滑动、滚动或冲击运动中表面的损伤或脱落。大多数情况下磨损是由表面微凸体相互作用引起的，当发生相对运动时接触表面的材料首先发生变形，表面或表面附近的固体材料性能发生变化，随后材料从表面剥离转移到配副表面或者以磨屑形式挣脱表面。磨损源于表面的力学作用或化学作用，摩擦温升将加剧磨损，磨损有七种主要形式：黏着磨损、磨粒磨损、疲劳磨损、冲击磨损、腐蚀磨损、电弧磨损和微动磨损，它们的共同特征是从摩擦表面剥离固体材料。材料磨损主要由摩擦磨损、疲劳破坏和腐蚀破坏引起。

1.2.7.1 磨粒磨损

硬粗糙表面或硬颗粒在软表面上滑动时产生的塑性变形或断裂引起的表面损伤，即磨粒磨损。磨粒磨损指硬的磨粒或凸起物在与对偶件表面的摩擦过程中，使表面材料发生损耗的现象，它包括两体磨粒磨损和三体磨粒磨损。两个摩擦表面硬度较高者充当硬质体，在机械加工中磨削、切削和车削均属于两体磨粒磨损；三体磨粒磨损指两个表面中有第三物体充当硬质体，这类物体通常是夹持在两个表面之间的小颗粒，它们硬度很高，使一个或两个表面都产生磨损，研磨和抛光均属于此类。

1.2.7.2 黏着磨损

两个固体平面发生滑动接触时，无论是干摩擦还是润滑摩擦都会产生黏着磨损，黏着磨损由接触点的冷焊和断裂产生。黏着源于界面的微凸体，滑动使这些接触点产生剪切作用，导致碎片从接触点一侧剥离，黏着在另一侧的微凸体上，当继续滑动时，转移的碎片从其黏着的表面上脱落，又转移到原来的表面，否则就成为游离的颗粒。经过反复加载和卸载的疲劳作用，有些转移碎片会发生断裂，它们也会成为游离的磨粒。

1.2.7.3 疲劳磨损

在反复滚动和滑动作用下，接触表面和次表面出现疲劳，疲劳磨损是作用在次表面微观体积上周期性的接触载荷或交变应力，使表面或次表面形成裂纹的现象。根据应力的情况及其他条件，裂纹可以沿着与表面平行或垂直的方向扩展，导致表层材料呈细片状剥落，产生表面疲劳磨损。疲劳磨损包括热疲劳和机械疲劳两种，热疲劳由反复加热和冷却引起，一般出现在高温苛刻制动条件下，机械疲劳是由反复作用的摩擦应力引起。

1.2.7.4 冲击磨损

冲击磨损是指材料受到小而松散的流体粒子冲击时表面出现破坏的一类磨损现象，它由冲蚀磨损和撞击磨损组成。冲蚀磨损是由带固体颗粒的射流、细流和液体中液滴、液泡破裂引起，包括固体颗粒的冲蚀和液滴的冲蚀两种。撞击磨损是由于反复冲击作用而使固体材料产生的渐进损耗，它是黏着磨损、磨粒磨损、表面疲劳、断裂和摩擦化学磨损等多种磨损机制的综合作用。冲击损伤主要受环境参数（如速度、浓度、入射角、环境温度）、磨料性质（硬度、粒度、可破碎性）和材料性能（热物理性能和材料的强度）三个方面的影响，因此需通过控制上述三因素的途径来减少冲击磨损。

1.2.7.5 腐蚀磨损

腐蚀磨损是一种考虑环境介质影响，摩擦副材料受腐蚀和磨损综合作用的一种复杂的磨损过程。摩擦表面在液体或气体的环境中或在润滑剂中发生化学或电化学反应，在表面上形成腐蚀产物，这些产物往往黏附不牢，在摩擦过程中被剥离下来，其后新的表面又继续与介质发生反应，这种腐蚀和磨损的重复过程称为腐蚀磨损。化学腐蚀、电化学腐蚀、氧化等是腐蚀磨损的主要表现形式。腐蚀由界面与环境之间的化学或电化学作用引起，电化学腐蚀是一种伴随着电流的化学反应，其引发原因是两个区域存在电势差；氧化磨损较为常见，它包括一系列使原子间结合不断破坏的物理作用与化学反应，如高温分解、氧化、颗粒化、爆裂融化、蒸发和升华等。

1.2.7.6 电弧磨损

电接触的摩擦副之间由于接触材料的分离或掉线造成接触副间存在间隙，接触电阻增加导致摩擦副接触电压增加，当接触电压大于等于接触间隙气体的击穿电压时，间隙气体被击穿出现放电，放电电弧对摩擦副材料烧蚀造成的磨损称为电弧磨损。电弧会产生大量的凹坑，界面滑动会对凹坑边缘产生剪切或破碎，由此形成三体磨粒磨损。电弧可激发多种磨损模式，它可能引发电气设备发生灾难性事故。

1.2.7.7 微动磨损

微动发生在两个作微米量级往复滑动的表面之间，由于两表面绝大部分总保持接触，有时还处于高应力接触状态，故磨屑逸出的机会少，表面或亚表面萌生裂纹要比一般滑动磨损更严重，在微小振幅的往复运动下形成的磨损称为微动磨损。微动磨损基本遵守黏着磨损或磨粒磨损的混合作用，载荷使微凸体发生黏着磨损，而往复运动引起断裂并形成裂纹。通常在出现表面损伤的同时采用以下特征来判断是否存在微动磨损：具有引起微动的振动源；具有方向一致的划痕硬结斑和塑性变形以及微裂纹；磨屑容易聚团、含有大量类似锈蚀产物的氧化物。

参考文献

[1] 冯金柱．世界电气化铁路的发展［J］．电气化铁路，2001（4）：1-7.

[2] 刘阳春，彭惠民．世界电气化铁路发展的最新趋势［J］．世界产品与技术，1996，（3）：34-36.

[3] 吉鹏霄，张桂林，等．电气化铁路接触网［M］．北京：化学工业出版社，2011.

[4] 侯唯一．我国电气化铁路的建设历程［J］．电气化铁道，2001（3）.

[5] 白文亭．电气化铁路中国速度［J］．电气时代，2009（3）：45-46.

[6] 吴光皋．新中国电气化铁路建设［J］．电气化铁道，1999（4）.

[7] 黄崇祺．中国电力牵引用接触线（电车线）的发展［J］．中国铁道科学，2003，24（5）：61-65.

[8] 刘向阳，郁鼎文，冯平法，等．竖直运动平台气动配重的研究［J］．机械科学与技术，2006，25（3）：352-354.

[9] 刘伟．静压轴承自控系统的动态特性［J］．清华大学学报：自然科学版，2000，40（5）：80-83.

[10] 林修洲，朱妥昊，陈光雄，等．高速电气化铁路弓/网系统的摩擦磨损研究进展［J］．润滑与密封，2007，32（2）：180-183.

[11] 王贵青，陈敬超，孙加林．电力机车受电弓滑板的研究状况及发展趋势［J］．材料导报，2003，17（1）：18-20.

[12] 黄汉中，李木林．固体润滑剂材料在受电弓滑板上的应用［J］．粉末冶金技术，1997（1）：43-50.

[13] 王绍复．电力机车铝包碳滑板失效原因分析［J］．机车电传动，1995（5）：46-47.

[14] 华公平，丁春华．铁路机车受电弓滑板材料的研究［J］，金属热处理，2008，33（2）：81-86.

[15] 李娜，张弘，于正平．受电弓滑板-接触导线摩擦磨损机理与特性分析［J］．中国铁道科学，1995，17（4）：63-68.

[16] 陈忠华，郭凤仪，董讷．新型受电弓滑板的设计与实现［J］．煤炭科学技术，2005，33（3）：30-31.

[17] 邵利峰，韦强，徐立新，等．电力接触受电弓滑板研究进展［J］．材料开发与应用，2008，23（5）：94-96.

[18] Kubo S，Kato K. Effect of arc discharge on wear rate of Cu-impregnated carbon strip in unlubricated sliding against Cu trolley under electric current［J］. Wear，1998，216（1）：172-178.

[19] Yasar I，Ccanakci A，Arslan F. The effect of brush spring pressure on the wear behaviour of Copper-graphite brushes with electrical current［J］. Tribology Internation，2007，40（9）：1381-1386.

[20] Moustafa S F, El-Badry S A, Sanad A M, et al. Friction and wear of copper-graphite composites made with Cu-coated and uncoated graphite powders [J]. Wear, 2002, 253 (7-8): 699-710.

[21] 李鹏，杜三明，孙乐民，等．载电条件下铬青铜/纯铜摩擦副磨损性能研究 [J]．摩擦学学报，2003，23（3）：250-252.

[22] 李占君，孙乐民，张永振．载流摩擦磨损研究现状及前景 [J]．铁道运输与经济，2005（1）：82-84.

[23] 董霖．载流摩擦磨损机理研究 [D]．成都：西南交通大学博士论文，2008.

[24] Yasar I, Canakci A, Arshan F. The effect of brush spring pressure on the wear behaviour of copper-graphite brushes with electrical current [J]. Tribology International, 2007, 40 (9): 1381-1386.

[25] 孙乐民，沈向前，张永振．载流摩擦磨损规律研究 [J]．材料保护，2004，37（7）：131-133.

[26] Milkovic M, Ban D. Influence of the pulsating current amplitude on the dynamic friction coefficient of electro-graphite brushes [J]. Carbon, 1996, 34 (10): 1207-1217.

[27] He D H, Manoy R R, Grady N. Wear of railway contact wires against current collector material [J]. Wear, 1998, 215 (1-2): 146-155.

[28] He D H, Manory R. A novel electrical contact material with improved self-lubrication for railway current collectors [J]. Wear, 2001, 249 (7): 626-636.

[29] 董霖，李丰学，陈光雄，等．有无电流工况下钢铝复合轨/受电靴的摩擦磨损特性 [J]．润湿与密封，2006（6）：36-38.

[30] Blau P J. Mechanism for transitional friction and wear behavior of sliding metals [J]. Wear, 1981, 72 (1): 55-56.

[31] Zaidi H, Chin K J, Frene J. Analysis of surface and subsurface of sliding electrical contact steel/steel in magnetic field [J]. Surface and Coatings Technology, 2001, 148 (2-3): 241-250.

[32] Zheng R G, Zhan Z J, Wang W K. Wear behavior of Cu-La_2O_3 composite with or without electrical current [J]. Wear, 2010, 268 (1-2): 72-76.

[33] Liu P, Bahadur S, Verhoeven J D. Electrical sliding friction and wear behavior of Cu-Nb in situ composites [J]. IEEE, 1994, 17 (4): 616-624.

[34] Landly L T. Contact wire wear on electric railroad [J]. AIEE, 1929 (10): 756-759.

[35] Chiou Y C, Chang Y P, LeeR T. Tribo-electrification mechanism for self-mated metals in dry severe wear process, Part 2: pure soft metals [J]. Wear, 2003, 254 (7-8): 616-624.

[36] Wang J, Feng Y, Li S, et al. Influence of graphite content on sliding wear characteristics of CNTs-Ag-G electrical contact materials [J]. Transactions of Nonferrous Metals Society of China, 2009, 19 (1): 113-118.

[37] Nagasawa H, Kato K. Wear mechanism of copper alloy wire sliding against iron-base strip under electric current [J]. Wear, 1998, 216 (2): 179-183.

[38] Feng Y, Zhang M, Xu Y. Effect of the electric current on the friction and wear properties of the CNT-Ag-G composites [J]. Carbon, 2005, 43 (13): 2685-2692.

[39] Jia S G, Liu P, Ren F Z, et al. Sliding wear behavior of copper alloy contact wire against copper-based strip for high-speed electrified railways [J]. Wear, 2007, 262 (7-8): 772-777.

[40] 刘敬超，王旭，赵培峰，等．铜基粉末冶金载流摩擦磨损微观型貌分析 [J]. 润滑与密封，2009, 34 (7): 14-17.

[41] 刘芳，王黎，高晓蓉，等．受电弓与接触网间的接触压力检测研究 [J]. 机车车辆与城轨车辆，2006, 29 (6): 19-23.

[42] 凤仪，张敏，徐屹．外加载荷对碳纳米管-银-石墨复合材料电磨损性能的影响 [J]. 中国有色金属学报，2005 , 15 (10): 1483-1488.

[43] 凤仪，张敏，徐屹．压力对碳纳米管-银-石墨复合材料接触电压降的影响 [J]. 金属功能，2005, 12 (4): 11-14.

[44] Milkovic M, Ban D. Influence of the pulsating current amplitude on the dynamic friction coefficient of electrographite brushes [J]. Carbon, 1996, 34 (10): 1207-1213.

[45] Chen Z, Liu P, Verhoeven J D, et al. Electrotribological behavior of Cu-15 vol. %Cr in situ composites under dry sliding [J]. Wear, 1997, 203/204: 28-35.

[46] Senouci A, Frene J, Zaidi H. Wear mechanism in graphite-copper electrical sliding contact [J]. Wear, 1999, 225-229: 949-953.

[47] 李鹏，杜三明，孙乐民，等．载流条件下铬青铜/纯铜摩擦副摩擦磨损性能研究 [J]. 摩擦学学报，2003, 23 (3) : 250-252.

[48] 赵印军．京沪高速接触网悬挂类型的选择分析 [J]. 铁道工程学报，2003, 2: 100-103.

[49] Watanabe Y. High-speed sliding characteristics of Cu-Sn-based composite materials containing lamellar solid lubricants by contact resistance studies [J]. Wear, 2008, 264 (7-8): 624-631.

[50] Matsuura A, Nagafuji T, Shimada T. Maintenance practices in over sea´s railways [J]. RTRI Rep. 6, 1993: 49-60.

[51] Csapo E, Zaidi H, Paulmier D. Friction behavior of a graphite-graphite dynamic electric contact in the presence of argon [J]. Wear, 1996, 192 (1-2): 151-156.

[52] Senouci A, Zaidi H, Frene J, et al. Damage of surfaces in sliding electrical contact copper/steel [J]. Applied Surface Science, 1999, 144-145: 287-291.

[53] Bouchoucha A, Chekroud S, Paulmier D. Influence of the electrical sliding speed on friction and wear processes in an electrical contact copper-stainless steel [J]. Applied Surface Science, 2004, 223 (4): 330-342.

[54] 葛毅成，易茂中．载荷、时间、速度对 C/C 复合材料-摩擦磨损行为的影响 [J]. 中国有色金属学报，2006 , 16 (2) : 241 -246.

[55] Chen G X, Li F X, Dong L, et al. Friction and wear behaviour of stainless steel rubbing against copper-impregnated metalized carbon [J]. Tribology International, 2009, 42: 934-939.

[56] 徐晓峰，宋克兴，杜三明．载流条件下铜基粉末冶金材料的摩擦磨损行为 [J]. 材料保护，2008, 41 (7) : 66-69.

[57] 沈志云．关于高速铁路及高速列车的研究［J］．振动测试与诊断，1998，18（1）：1-8.

[58] 董霖，陈光雄，周仲荣．电极性对地铁第三轨摩擦磨损行为的影响［J］．中国铁道科学，2009，30（4）：86-90.

[59] Hong H S. The role of atmospheres and lubricants in the oxidational wear of metals [J]. Tribology international, 2002, 35 (I 1): 725-729.

[60] Paulmier D, Mansori M E, Zaidi H. Study of magnetized or electrical sliding contact of a steel XC48/graphite couple [J]. Wear, 1997, 203-204: 148-154.

[61] 王观民，张永振，杜三明．两种不同气氛下钢铜摩擦副摩擦磨损特性研究［J］．材料热处理，2006，35（24）：8-11.

[62] 杨晓伟，张永振，邱明，等．氮气气氛条件下钢/铜摩擦副的摩擦磨损特性研究［J］．摩擦学学报，2007，27（1）：25-28.

[63] 牛永平，蔡利华，张永振．不同气氛环境中纳米 Al_2O_3/PTFE 复合材料摩擦磨损特性研究［J］．润湿与密封，2009，24（4）：24-27.

[64] 李庶，凤仪，陈淑娴．滑动速度对 CNTs-Ag-MoSZ-Cgraphite 复合材料电磨损性能［J］．中国机械工程，2009，20（10）：1230-1234.

[65] Bouchoucha A, Zaidi H, Kadiri E K, et al. Influence of electric fields on the tribological behavior of electrodynamical copper/ steel contacts [J]. Wear, 1997, 203/204: 434-441.

[66] 朱润生，池长青，张建斌．电摩擦效应的机理研究［J］．北京航空航天大学学报，2001，27（2）：206-208.

[67] 徐屹，凤仪，王松林，等．碳纳米管-银-石墨复合材料的电磨损性能［J］．机械工程学报，2006，42（12）：206-211.

[68] 马少波，俞建卫，李卫蓉，等．温度对 Cu-Sn10-Pb10 减摩复合材料摩擦磨损性能的影响［J］．轴承，2008，12：33-36.

[69] Kubo S, Kato K. Effect of arc discharge on the wear rate and wear mode transition of acopper-impregnated metalized carbon contact strip sliding against a copper disk [J]. Tribology International, 1999, 32 (7): 367-378.

[70] Kubo S, Kato K. Effect ofdischarge on wear rate of Cu-impregnated strip inunlubricated sliding against Cu trolley under electric current [J]. Wear, 1998, 216 (2): 172-178.

[71] Azevedo C R F, Sinatora A. Failure analysis of a railway copper contact strip [J]. Engineering Failure Analysis, 2004, 11: 829-841.

[72] 冀盛亚，孙乐民，上官宝，等．铜基粉末冶金/铬青铜摩擦副载流摩擦磨损的电弧侵蚀特性研究［J］．润滑与密封，2009，34（2）：5-7.

[73] Bouchoucha A, Kadiri E K, Robert F, et al. Metals transfer and oxidation of copper-steel surfaces in electrical sliding contact [J]. Surface and coatings technology, 1995, 76-77: 521-527.

[74] Archard J F. Wear, 1958, 2: 438.

[75] 戴利民，林吉忠，丁新华．滑板材料受流摩擦时接触点瞬态温升对磨损性能的影响［J］．中国铁道科学，2002，23（2）：111-117.

[76] 刘建秀，郭炎强，韩长生，等．不同温度下铜基粉末冶金摩擦材料往复滑动磨损规律

[J]. 机械强度，2004，26（2）：207-212.
[77] 葛毅成，易茂中．载荷、时间、速度对C/C复合材料摩擦磨损行为的影响［J］. 中国有色金属，2006，16（2）：241-246.
[78] Holm R. Electric contacts theory and application［M］. Berlin：Springer，1967.
[79] 王其平．电器电弧理论［M］. 西安：西安交通大学出版社，1991.
[80] 董霖，陈光雄，朱星昊，等．地铁钢铝复合式第三轨/受电靴载流摩擦磨损特性研究［J］. 摩擦学学报，2007，27（3）：274-278.
[81] 卜俊．温度对弓网系统载流磨损性能的影响［D］．成都：西南交通大学硕士论文，2010.
[82] 王季梅．真空电弧理论研究及其测试［M］. 西安：西安交通大学出版社，1993.
[83] Chen Zhuan-Ke，Sawa K. Effect of arc behavior on material transfer［J］. A Review，IEEE TRANS，1998，21（2）：310-321.
[84] 程礼椿．电接触理论及应用［M］，北京：机械工业出版社，1988.
[85] 贾步超．载流条件下的1Cr18Ni9Ti/浸金属碳摩擦磨损性能研究［D］. 西南交通大学硕士论文，2008.
[86] 全永昕，施高义．摩擦磨损原理［M］.2版．杭州：浙江大学出版社，1992.
[87] 吴积钦，钱清泉．受电弓与接触网系统电接触特性［J］. 中国铁道科学，2008，29（3）：106-109.
[88] Beckmann G. A theory of abrasive wear based on shear effects in metal surfaces［J］. Wear，1980，59（2）：421-432.
[89] Stachowiak G W，Batchelor A W. Fatigue wear［J］. Engineering Tribology（Third Edition）. 2006：595-619.
[90] 林福严，曲敬信，陈华辉．磨损理论与抗磨技术［M］. 北京：科学出版社，1993.
[91] 江晓霞，李诗卓，李曙．金属的腐蚀理论［M］. 北京：化学工业出版社，2002.
[92] 周仲荣，Leo Vincent. 微动磨损［M］. 北京：科学出版社，2002.
[93] 蹼良贵，纪名刚．机械设计［M］.8版．北京：高等教育出版社，2005.
[94] Bhushan B. 摩擦学导论［M］. 葛世荣，译．北京：机械工业出版社，2006.
[95] 籍国宝．摩擦磨损原理［M］. 北京：中国农业出版社，1992.
[96] 刘家浚．材料磨损原理及其耐磨性［M］. 北京：清华大学出版社，1993.
[97] Chen L H，Rigney D A. Adhesion theories of transfer and wear during sliding of metals［J］. Wear，1990，136（2）：223-235.
[98] 丁涛．电气化铁路受电弓/接触线摩擦磨损性能及电特性研究［D］. 成都：西南交通大学博士论文，2010.

2 接触线概述

接触线是悬挂在铁路线路上方，通过与电力机车受电弓滑板滑动接触向其输送电能的关键无备电导线。接触线应按设计要求架设在线路钢轨上方准确的空间几何位置上。接触线还要承受设计规定的悬挂张力和温度、冰、风产生的附加张力，机车运行时产生振动疲劳应力以及与机车受电弓滑板滑动接触传输电流产生的磨耗。

2.1 高速与普通铁路接触线的区别

高速与普通铁路接触线的区别如下：

（1）机车负荷的区别。在普通铁路中，机车的负荷主要是牵引负载和克服线路阻力，因此牵引特性表现为负荷小和非均匀性，而高速铁路的牵引负荷主要是克服高速行驶下的空气阻力，牵引负载和线路阻力比例比较低，因此高速铁路牵引负荷的特点是负荷较大且具有持续性。

（2）材料的区别。由于高速铁路的运行速度远高于普通铁路，因此接触网需要提供持续的大负荷电流。为了提高接触网的载流量，导线的截面积需变大，张力就大大提高，接触线的抗拉强度就要更高，接触网上的其他零件也要更换成强度高、韧性好、耐磨抗腐的材料。

（3）外部环境的区别。普通铁路由于速度较慢，热效应（电流焦耳热、环境辐射热、电弧高温）不明显，覆冰和受风对其影响也较小，而高速铁路由于速度较快，热效应明显，覆冰和受风对其影响很大，尤其是高速运行中的列车需要极高的稳定性，所以必须考虑接触网能否在恶劣的工作环境中长期保持有比较优良的性能。

2.2 接触线的主要性能要求

接触线的最主要技术指标是抗拉强度（MPa）和电导率 IACS（%），其他的主要指标还有伸长率、抗软化能力、抗反复弯曲、抗扭转能力等。

提高的接触线抗拉强度，可以在安全系数同样的条件下，提高悬挂张力，有利于提高列车运行速度，同时提高了耐磨耗性能，延长使用寿命，延长更换周期；在满足同样运行速度的悬挂张力条件下，具有更高的安全系数。目前在原铁道部标准、欧洲标准中，规定各种铜及铜合金接触线的抗拉强度在 360~490MPa

之间。

提高列车运行速度的必要条件是加大接触线的悬挂张力。加大接触线悬挂张力可以显著改善弹性，减少火花，提高机车高速运行时的受流质量。研究表明，机车运行速度 V 的提高取决于接触线波动传播速度 C 的提高：

$$V = 0.7C \tag{2-1}$$

$$C = 3.6(F/m)^{1/2}$$

式中 C——接触线波动传播速度，km/h；

F——接触线悬挂张力，N；

m——接触线线密度，kg/m。

由式（2-1）可知，要使接触线波动传播速度大，就必须加大接触线悬挂张力、采用线密度小的接触线（即控制接触线的截面积）。即高速电气化铁路要求接触线在具有较高导电性能的同时，还要有尽可能高的抗拉强度。除此之外，由于高速铁路机车功率大、车流密度大、多是双弓运行，接触线的磨耗也大，使用寿命受到影响。

导电率的提高，可以提高持续载流量，减少线路损耗，节省电能。按照铁标、欧标铜和银铜合金接触线的电导率 IACS 应不小于 97%，而其他铜合金接触线的电导率 IACS 在 62%~77%之间。

伸长率是为了接触线具有较好的施工性能、运用性能和抗事故能力。

抗软化能力是指接触线在规定温度（300℃）下保温一定时间（2h）软化处理后，仍能保有软化处理前强度的 90%以上。抗软化能力的提高，有利于减轻接触线的抗短时大电流升温引起的强度下降，提高工作可靠性，同时也可以允许有较高的工作温度、较大的载流量和较好的耐磨耗性能。

部分国家时速 300km 及以上电气化铁路接触线的使用情况见表 2-1。

表 2-1　部分国家时速 300km 及以上电气化铁路接触线的使用情况

<table>
<tr><th rowspan="2">国家</th><th rowspan="2">线　路</th><th rowspan="2">最高时速
/km</th><th colspan="3">接　触　线</th><th rowspan="2">β 值</th><th rowspan="2">安全系数</th></tr>
<tr><th>材质</th><th>规格/mm²</th><th>工作张力/kN</th></tr>
<tr><td>中国</td><td>京津城际</td><td>350</td><td rowspan="3">CuMg0.5</td><td rowspan="3">120</td><td rowspan="3">27</td><td>0.61</td><td>1.66</td></tr>
<tr><td rowspan="2">德国</td><td>科隆—莱茵、美茵</td><td>单弓 400，
双弓 330 *</td><td>0.70</td><td>1.66</td></tr>
<tr><td>纽伦堡—英格尔斯塔特</td><td>350</td><td>0.61</td><td>1.66</td></tr>
<tr><td>西班牙</td><td>马德里—塞尔维亚</td><td>单弓 300
双弓 280</td><td>CuAg0.1</td><td>120</td><td>15</td><td>0.70</td><td>2.19</td></tr>
</table>

续表 2-1

国家	线 路	最高时速/km	接 触 线			β值	安全系数
			材质	规格/mm²	工作张力/kN		
西班牙	马德里—巴塞罗那	350	CuMg0.5	150	31.5	0.63	1.71
比利时	布鲁塞尔—姆毕科材试验线	300	CuMg0.5	150	30	0.56	1.79
法国	地中海线 瓦朗斯—马赛	350	CuMg0.2	150	25	0.71	1.92
法国	地中海线 瓦朗斯—马赛	350	CuSn0.2	150	25	0.71	1.92
法国	大西洋线	300	Cu	150	20	0.68	2.06
韩国	汉城—釜山	300	Cu	150	20	0.68	2.06
日本	山阳新干线	300	CuSn0.3	170	20	0.72	2.25

注：1. β=列车运行速度/接触线波动传播速度；

2. 安全系数=接触线抗拉强度×接触线标称截面积×0.8/(工作张力×1.05)；

3. ＊SICAT ® H1.0 型接触网设计要求。

2.3 铜及铜合金接触线

2.3.1 纯铜接触线

纯铜接触线的导电性能非常好，但机械强度较低，日本最初在时速 210km 的新干线上采用，由于耐磨耗性能差，运行 2 年左右就要换线，后采用耐磨耗性能较好的铜锡合金接触线。法国在时速 270km 和 300km 的东南线和大西洋线高速铁路上仍然采用铜接触线。

2.3.2 铜银合金接触线

铜银合金接触线通常指在以铜为主体的接触导线中添加 0.1%左右的银元素。由于银元素具有固溶强化的特性，因而在铜接触线中增加银元素后会形成固溶体，从而使得接触线材料强度增加。尽管随着材料强度的增加会导致铜接触线所擅长的导电率稍微降低，但在另一方面却也使得整个接触线的耐热性能有了较大的提升。通常，铜银合金制造的接触线在耐热性上会较单纯的铜接触线高近 2 倍，这种性能在长隧道与陡坡等原因造成的集电电流较高的状况下能够有效避免火灾的发生。德国、西班牙在时速 250~300km 线路上采用铜银合金接触线。

国内，时速 120~160km 的电气化铁路和城市地铁、轨道交通大量采用铜银接触线，2004 年开始建设的秦皇岛-沈阳线是国内第一条时速 250km 的电气化铁路，按照欧洲的经验，采用铜银接触线，由德国进口。

目前，我国在铜银合金接触线方面的生产能力与质量均可以达到进口产品的水平，已经在高速铁路电气化工程中得到了较为广泛的应用，也是目前国内高速电气化铁路的首选材料。

2.3.3 铜锡合金接触线

铜锡合金接触线指的是在铜元素中添加一般不超过 0.3%的锡元素，由于锡与银元素具有相似的特性，都属于固溶性元素，因而会使铜接触线的导电率下降，但同样会增加接触线的耐热能力，甚至使其耐热性能超过铜银合金接触线。并且抗磨损性能也较高。在常规使用的金属材料中，铜锡合金作为耐磨材料而广泛使用。

在高速电气化铁路中，铜锡合金接触线得到了广泛应用。铜锡合金接触线最早是在日本获得应用，并且早在 20 世纪 90 年代初期就已经开发出了 GT-SN 型接触线，该接触线通过增加铜元素中的锡元素含量，很大程度上提高了抗拉性能与导热性能，比普通的铜锡合金接触线拥有更好的使用性能，并且在 300km/h 的高速铁路中得到了较好的应用。

日本研发的铜锡合金接触线可以分为 3 档：普通强度（含锡 0.3%）、高强度（含锡 0.4%）、超高强度（含锡 0.6%）。日本采取的强化措施是增加合金元素含量、加大杆坯直径来提高冷加工率、低温铸造和低温轧制。日本普遍用铜锡合金接触线替代纯铜接触线来减轻磨耗，延长使用寿命，承受大的工作张力。日本铜合金接触线的主要性能见表 2-2。

表 2-2 日本铜合金接触线主要性能

分 类	普通强度	高强度	超高强度	铜镁合金①	析出强化	析出强化
型号（110mm^2）	GTSN	GTSNN	GTSNH（W）	—	—	—
合金元素含量 w(M)/%	Sn0.30	Sn0.35	Sn0.60	不详	Cr0.40，Zr0.14，Si0.06	Cu-Ni-Si
抗拉强度/MPa	365	450	480	500	567	690
电导率 IACS/%	70	80	60	60	80.1	50

①规格为 107mm^2；150mm^2 抗拉强度为 470MPa，电导率 60%IACS。

法国时速在350km及以上的高速铁路（地中海线）上采用铜锡合金接触线和铜镁合金接触线。

我国2005年以后建设的客运专线开始采用铜锡接触线。2006年以后建设的时速为200～250km的客运专线：青岛—济南、合肥—南京、合肥—武汉、温州—台州—宁波、温州—福州、福州—厦门等铁路都采用了符合EN50149（CuSn0.4）技术标准的铜锡接触线。以上情况表明，国内设计时速在200～250km的客运专线已经广泛采用了铜锡合金接触线，效果良好。广州—深圳—香港客运专线也采用高强铜锡合金接触线（CTSH）。采用铜锡接触线设计的时速为350km。

2.3.4 铜镁合金接触线

镁元素是一种较为活泼的元素，在铜镁合金加工过程中对于技术的要求相对较高，并且需要借助于较高性能的加工装备。在铜镁合金接触线中，如果添加的镁元素含量过高，则相应地会增加制造工艺难度；相反，如果镁元素的添加量过低，则很难保证制造出来的铜镁合金接触线达到所需要的材料强度。大规模使用铜镁合金接触线，连续化生产工艺技术十分复杂，目前还存在一定的难度。

德国、西班牙在时速300km以上线路采用铜镁合金接触线。我国时速350km的京津城际、武广高铁、郑西高铁采用铜镁合金接触线。时速为350km的客运专线：北京—天津城际铁路、武汉—广州客运专线、郑州—西安客运专线采用高镁铜镁合金接触线（CTMH）。

2.3.5 铜或铜合金包钢接触线

自20世纪80年代以来，浸涂法和康仿挤压法已相继在中国电缆工业中应用，抗拉强度和导电率分别控制在650～490MPa和60%IACS～80%IACS。据报道日本在北陆新干线也采用铜包钢接触线，但未在其他线路上推广采用。

2.3.6 铜锆铬接触线

铜锆铬接触线是一种热处理型的铜合金，铜锆铬接触线的抗拉强度和电导率分别为550MPa和78%左右，由此种合金制造的部件在国内合金厂中早有生产和应用，但在我国要实现连续大长度无接头铜锆铬接触线的大规模生产，尚需增加大型的热处理设备，并开发连续生产的加工工艺。

2.3.7 功能型接触线

高速列车在运行过程中，其所面对的地理与天气因素都会对电气化铁路的运行带来影响，尤其是冰雪天气，沉积在接触线上的冰雪容易对接触线的集电性能带来影响。作为对这种影响的有效防范，日本很早就已经研发出了具备加热性能的接触线。这种具有加热性能的接触线从外形上看与普通的接触线并没有很大的区别，但与普通接触线不同的是，加热性能接触线在沟槽弧面植入了绝缘电线，并通过这种绝缘电线的通电发热产生较高的温度，这种温度的提升有助于在冬季冰雪天气防止冰雪沉淀对电气化铁路接触线的性能产生不良影响。同时，除了具有加热性能的接触线之外，具有感知异常温度的接触线、感知破损功能的接触线目前也得到应用，这都在很大程度上提升了高速电气化列车的运行安全性能。

目前我国主要应用的几种铜合金接触线材料中，铜锡合金材料具有优异的综合性能，尤其是耐磨性能优异，具有较高的经济使用价值，可以满足我国高速电气化铁路的发展需求。其次，为满足电气化铁路不断提速的要求，以铜锡或铜银合金为基体加入 Zr 等析出型元素，开发高强、高导的新型接触线材料是铜合金化领域中的新课题，但析出型合金元素在烧损和热处理方面的特殊性，使其的工业化生产仍有待进一步的探索和研究。

我国地域辽阔，地理、气候条件多样化，随着电气化铁路的飞速发展，对铁路运行的安全性要求将进一步提高，具有加热作用的功能型接触线和具有检知接触线异常发热、断线、磨耗程度的功能型接触线将成为研发和使用的重点。

2.4　接触线的主要技术要求

电气化铁路接触线是接触网中直接和受电弓滑板摩擦接触取流的部分，电力机车从接触线上获得电能。

2.4.1　标识

接触线按照材质主要分为铜接触线、铜合金接触线，型号表示如图 2-1 所示。

2.4.2　材质

铜接触线应采用不低于 GB/T 467 中的标准阴极铜（Cu-CATH-2）制造。各种型号的铜合金接触线应由相应的铜合金制成，其化学主要成分范围见表 2-3，并应分别与相应型号的铜合金接触线的机械和电气性能相适应。

C □ □

- □ ——规格：标称截面积数值(mm^2)
- □ ——材料：铜—T；铜银合金—TA；高强度铜银合金—TAH；铜锡合金—TS；铜镁合金[w(Mg)=0.2%]—TM；高强度铜镁合金[w(Mg)=0.5%]—TMH
- C ——接触线

示例 1：110mm^2 铜接触线为 CT110；

示例 2：120mm^2 铜银合金接触线为 CTA120；

示例 3：120mm^2 高强度铜银合金接触线为 CTAH120；

示例 4：120mm^2 铜镁合金（0.2%Mg）接触线为 CTM120；

示例 5：150mm^2 高强度铜镁合金［w(Mg)＝0.5%］接触线为 CTMH150；

示例 6：150mm^2 铜锡合金接触线为 CTS150。

图 2-1　接触线标识

表 2-3　主要元素成分　（%）

铜及铜合金类别	w(Cu)	w(Ag)	w(Mg)	w(Sn)	w(Bi)	w(O)	w(Pb)	w(P)	其他杂质总和(≤)
铜	99.90	—	—	—	≤0.0005	≤0.0300	≤0.0050	—	0.03
铜银合金	余量	0.08~0.12	—	—	≤0.0005	≤0.0300	—	—	0.03
铜镁合金［w(Mg)＝0.2%］	余量	—	0.1~0.3	—	—	—		≤0.01	0.10
铜镁合金［w(Mg)＝0.5%］	余量	—	0.4~0.7	—	—	—		≤0.01	0.10
铜锡合金	余量	—	—	0.15~0.55	—	—		—	0.10

注：铜类中，无氧铜的铜质量分数为 99.95%，氧质量分数≤0.0030%。

2.4.3　技术要求

接触线的截面形状、尺寸、角度及其偏差要求。接触线的截面形状为带有悬吊沟槽、合金种类识别沟槽的规则圆形。接触线的截面形状、合金种类识别沟槽、角度、尺寸及其公差应符合图 2-2 和表 2-4 的规定。

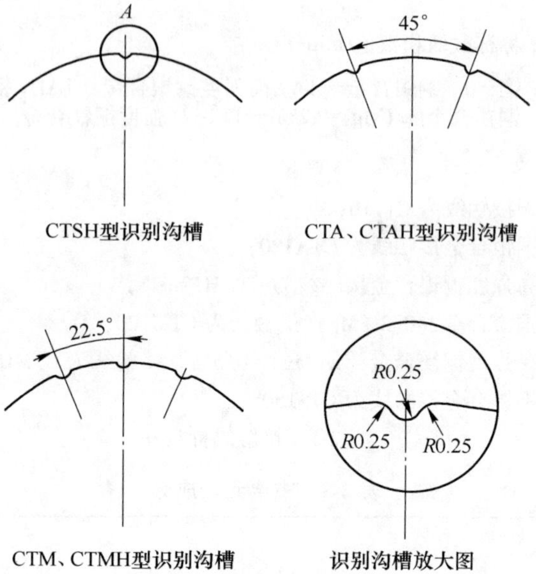

图 2-2 接触线的截面形状及合金种类识别沟槽

A—截面直径（高度）；*R*—圆角半径

（铜接触线（CT 型）不做识别沟槽）

表 2-4 规格尺寸角度及公差

规格（标称截面积）/mm²	计算截面积/mm²	尺寸及公差/mm							角度及偏差		参考单位质量/kg·km⁻¹
		A ±1%	*B* ±2%	*C* ±2%	*D* +4% −2%	*E*	*K*	*R*	*G* ±1°	*H* ±1°	
85	86	10.80	10.76	9.40	7.24	6.80	4.60	0.40	27°	51°	769
110	111	12.34	12.34	9.73	7.24	6.80	4.47	0.40	27°	51°	992
120	121	12.90	12.90	9.76	7.24	6.80	4.35	0.40	27°	51°	1082
150	151	14.40	14.40	9.71	7.24	6.80	4.00	0.40	27°	51°	1350

注：1. 截面积允许偏差为计算截面积的±3%；

2. 参考单位质量按密度 8.94g/cm³ 计算。

2.4.4 力学性能

铜及铜合金接触线力学性能应符合表 2-5 的规定。

表 2-5 铜及铜合金接触线力学性能

型号	抗拉强度/MPa（不小于）	拉断力/kN（不小于）		伸长率/%（未软化，不小于）	扭转圈数（至断开，不小于）	反复弯曲（至断裂）		卷绕	
		未软化	软化后			弯曲半径/mm	次数（不小于）	卷绕直径/mm	圈数（不小于）
CT85	375	32.35	—	3.0	5	30	6	1d	3
CT110	360	39.96	—	3.0	5	30	6	1d	3
CT120	360	43.56	—	3.0	5	30	6	1d	3
CT150	360	54.36	—	3.0	5	30	6	1d	3
CTA85	365	31.39	28.25	3.0	5	30	6	1d	3
CTA110	350	38.85	34.96	3.0	5	30	6	1d	3
CTA120	350	42.35	38.12	3.0	5	30	6	1d	3
CTA150	350	52.85	47.56	3.0	5	30	6	1d	3
CTAH85	375	32.25	29.02	3.0	5	30	6	1d	3
CTAH110	360	39.96	35.96	3.0	5	30	6	1d	3
CTAH120	360	43.56	39.20	3.0	5	30	6	1d	3
CTAH150	360	54.36	48.92	3.0	5	30	6	1d	3
CTM110	440	48.84	43.96	3.0	5	30	6	2d	3
CTM120	430	52.03	46.83	3.0	5	30	6	2d	3
CTM150	420	63.42	57.08	3.0	5	30	6	2d	3
CTMH110	500	55.50	49.95	3.0	5	30	6	2d	3
CTMH120	490	59.29	53.36	3.0	5	30	6	2d	3
CTMH150	470	70.97	63.87	3.0	5	30	6	2d	3
CTS110	430	47.73	42.96	3.0	5	30	6	2d	3
CTS120	420	50.82	45.74	3.0	5	30	6	2d	3
CTS150	420	63.42	57.08	3.0	5	30	6	2d	3

注：1. 拉伸试验速度 20~30mm/min，试样标距为 250mm，拉断力是接触线截面积为表 2 中计算值时应达到的值；
2. 试样加热到 300℃±5℃保温 2h 后自然冷却，称为软化；
3. 扭转试验速度为 15~20r/min，单方向扭转，试样标距为 250mm；
4. 弯曲试验应首先小圆弧面向内弯曲，试验速度应不大于 60 次/min；
5. d 为所进行卷绕试验的接触线的直径，大圆弧面向内卷绕，试样应无裂纹、起皮、开裂，试验速度不大于 10r/min。

2.4.5 电阻率

各种型号铜及铜合金接触线在 20℃时的电阻率见表 2-6。

表 2-6　各种型号铜及铜合金接触线在 20℃时的电阻率

接触线型号（不含规格）	电阻率（20℃）/$\Omega mm^2 \cdot m^{-1}$
CT	0.01777
CTA、CTAH	0.01777
CTM	0.02240
CTMH	0.02778
CTS	0.02395

2.4.6　制造长度

接触线的制造长度应符合订货合同要求。每根接触线在制造长度内不允许有焊接接头。制造长度允许偏差为 0~+30m。按质量交货时，每根接触线的交货质量按表 2-4 中计算截面积计算，不应超过订货长度与允许制造长度上偏差之和折算质量的 103%。

2.4.7　外观及卷取

铜及铜合金接触线表面应清洁、光滑，不应有硬弯、扭曲、折边、裂纹、毛刺、擦伤等与良好工业产品不相称的任何缺陷。铜及铜合金接触线应大圆弧面面向盘芯整齐紧密地卷绕在线盘上，每一层的匝间不应有空隙，不应有扭转、交叉、跳线现象，层间应垫衬电缆纸。接触线的里端应伸出侧板或筒体，牢固固定在线盘上；外端应固定在侧板内侧。每个线盘只允许卷绕一根接触线。

2.5　接触线的一些特殊检测方法

2.5.1　反复弯曲试验

如图 2-3 所示。试验规定：从弯曲圆柱的顶端切平面到导块底面的最大距离 h 为 200mm。安装接触线时，必须使接触线底部（工作面或大圆弧面）和头部（非工作面或小圆弧面）与支座夹持面相切。底部的第 1 次弯曲应在内部（受压），头部的第 1 次弯曲应在外部（受拉）。接触线需经过数次反复弯曲运动，围绕圆心在半径为 30mm，角度为 90°的范围进行相对运动。向相反方向 90°，围绕圆心以半径 30mm 进行弯折，接触线由初始位置进行 90°弯曲，再恢复到初始位置时为 1 次反复弯曲，如图 2-3 所示。反复弯曲试验也可手动操作，方法如图 2-4 所示。

2.5.2　扭转试验

试验规定：接触线样品两端用两副夹头固定，夹头之间距离为 250mm，并处

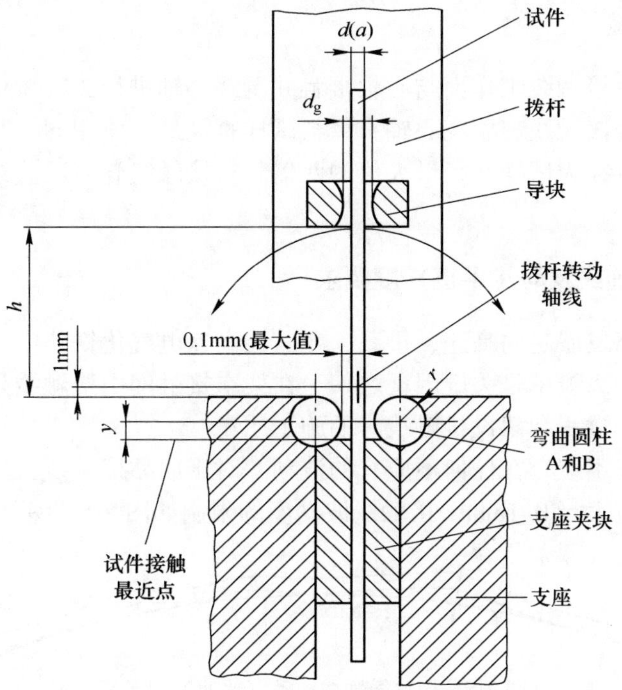

图 2-3　反复弯曲试验设备及方法

d（a）—圆线直径；a—平行夹具间被保持至接触线非圆形部分的最小厚度；
r—弯曲圆柱半径；h—弯曲圆柱顶端切平面到导块底面距离；
d_g—导块孔径；y—弯曲圆柱圆心所在直线与试件接触最近点距离

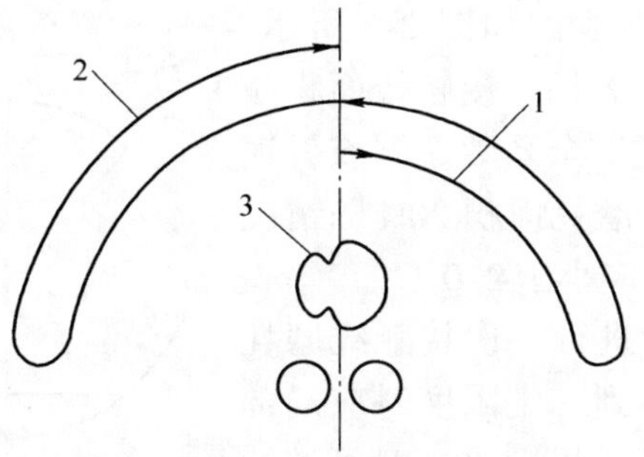

图 2-4　反复弯曲试验手动操作示意图

1—第 1 次弯曲；2—第 2 次弯曲；3—接触线定位方式

在非拉紧状态下。试验时，试样一端由纵向移动夹头夹紧，另一副夹头围绕接触线轴线扭转。夹头扭转速度为 15～20r/min，同方向扭转至少 5 圈。试验结束后肉眼（正常目力）观察样品，要求表面无裂纹、剥落、开裂等。焊接的接触线经试验后焊缝不应分离。

2.5.3　卷绕试验

试验规定：接触线工作面与心轴接触并围绕心轴进行 3 次 360°的卷绕。铜接触线和铜银合金接触线，卷绕心轴直径与试样直径最大值相同；其他铜合金接触线，卷绕心轴直径为试样直径最大值的两倍。对接触线卷绕试验结果的要求与扭转试验相同。

2.5.4　接触线轴线波动（平直）度要求

电气化铁路发展趋向高速、重载，尤其在高速电气化铁路中，要提高运营速度，降低弓网的离线率是关键因素之一。在架空接触网中接触线是否平直，取决于接触线的生产过程和架设接触线时的施工质量。

接触线轴线不应存在任何不应有的波动。对于成品接触线，其轴线在垂直方向的变化量不应大于 0. 1mm。接触线波动度的限制如图 2-5 所示。

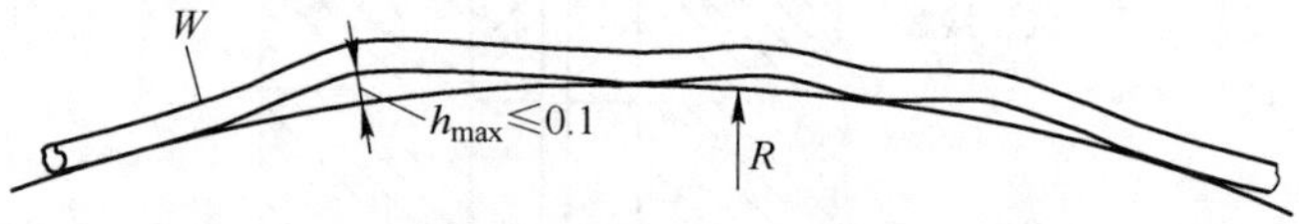

图 2-5　接触线轴线波动（平直）度要求

W—接触线；R—较低张力（10kN）下接触线保持的圆弧半径；h_{max}—轴向最大变化量（mm）

2.5.5　接触线的磨耗

接触线在运行中，受电弓和接触线的摩擦会造成接触线面积减少，如图 2-6 所示，图中剖面线部分表示已磨耗。接触线面积减小会影响接触线的强度安全系数。铜或者铜合金接触线在最大允许磨耗面积 20%的情况下，其强度安全系数不应小于 2. 0。

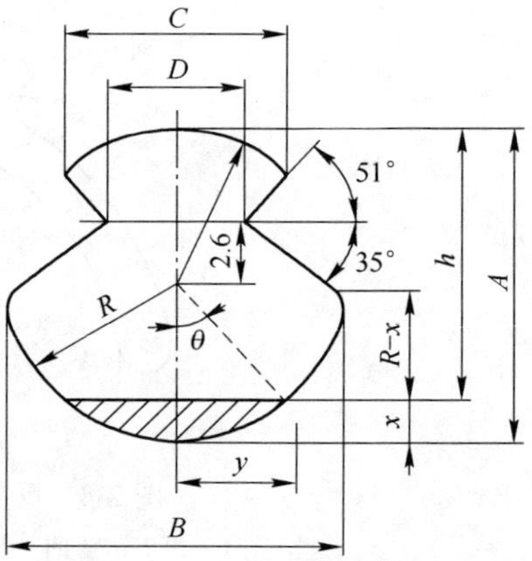

图 2-6　接触线磨耗示意图

运营中，每年至少进行一次接触线磨耗测量，当接触线磨耗达到一定限度时应局部补强或更换。当局部磨耗超过 30%时可进行补强。当局部磨耗达到 40%时应切换做接头。如发现全锚段接触线平均磨耗超过该型接触线面积的 20%，应全部更换。

接触线磨耗测量点通常选在定位、电连接线、导线接头、中心锚接、电分相、电分段、锚段关节、跨距中间等处。测量磨耗用游标卡尺，按式（2-2）计算磨耗面积。

$$S = 2\left[\pi R^2 \frac{\theta}{360} - \frac{R - x}{2}y\right] = \pi R^2 \frac{\theta}{180} - (R - x)y$$

将 $y = R\sin\theta$ 代入上式，得

$$S = \pi R^2 \frac{\theta}{180} - (R - x)R\sin\theta$$

$$\theta = \arccos\left(1 - \frac{A - h}{R}\right) \tag{2-2}$$

式中　S——接触线磨耗面积，mm^2；

R——接触线下圆截面半径，mm；

x——实际磨耗高度，$x=A-h$。

当磨耗面积加大，但未达到更换程度时，为了改善运行条件，应逐渐减少接触线的实际张力，使接触线内的实际张力保持在所需范围内，调整可按照图 2-7 进行。

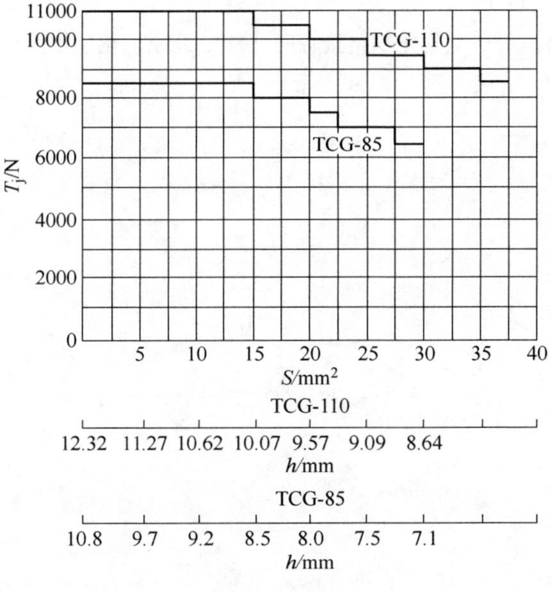

图 2-7　接触线磨耗截面积及张力变化

S—接触线磨耗面积（mm^2）；h—接触线残存高度

TB 10009—2005 中对磨耗和张力的规定为：铜及铜合金接触线在最大允许磨耗面积 20%的情况下，其强度安全系数不应小于 2.0。

现场操作应用，一般不采用计算的方法来求磨耗面积，而是根据接触线的直径残存高度，对照该型号接触线磨耗换算表，查出该点接触线磨耗截面积（磨掉的面积）。

参 考 文 献

[1] 张强．我国高速电气化铁路用铜合金接触线现状与前景［C］．中国铜加工技术与应用论坛，2010：79-89.

[2] 曹建兵，祁玉栋，孙天梁．高速铁路接触网的研究［J］．技术探讨，2015，5（17）.

[3] 张强．高速电气化铁路接触网中的铜加工产品［J］．铜加工，2011，(3)：15-22.

[4] 郭东坡．高速电气化铁路接触网用接触线的研究［J］．数字通信世界，2016（1）.

[5] 陈绍华，王作祥．电气化铁路铜锡合金接触线的应用［J］．电气化铁道，2011（5）：1-4.

[6] 刘铁伦，冯岳军，张忠良，等．高速电气化铁路用铜合金接触线的研制［C］//城市轨道交通供电系统新技术年会论文集．2010，36-42.

[7] 黄崇祺．中国电力牵引用接触线（电车线）的发展［J］．中国铁道科学，2003，24（5）：61-65.

[8] 行业标准 TB/T 2809-2005，电气化铁道用铜及铜合金接触线［S］.

[9] 张海波，邢彤，徐超，等．对带夹槽铜及铜合金接触线欧洲标准修订的分析［J］．铁道技术监督，2016，44（1）：10-17.

[10] 吉鹏霄，张桂林，等．电气化铁路接触网［M］．北京：化学工业出版社，2011.

3　接触线种类

铜的导电性好，但强度不足。长期以来，在铜接触导线研究方面，一直存在高强度和高电导率之间的矛盾。一般来说，要保持铜的高电导率，则强度往往不足；而要提高强度，则需加入合金成分，那样又会显著降低铜材的电导率。目前，通过在 Cu 中加入一些高熔点、高强度的金属和铜形成固溶体，使铜原子发生点阵畸变，电子运动阻力增加，电阻增大。当加入量越多时，晶格畸变程度越大，可使电阻率上升，电导率下降。综述多年来铜导线研究状况可以看出，人们在解决高强度和高电导率这对矛盾时，大多是在尽可能少地降低铜导线导电率的前提下，采用固溶强化、变形强化或沉淀强化来提高铜材的强度。

3.1　纯铜接触线

工业纯 Cu 的表面常带有玫瑰紫色的氮化膜，故又称紫铜。工业纯 Cu 的纯度约为 99.90%～99.96%，含有微量杂质。虽纯 Cu 有一些性能几乎不受杂质的影响，但导电率、机械性能却受杂质或晶体缺陷的影响较大。纯 Cu 的晶体结构是面心立方晶格，如图 3-1 所示。纯 Cu 滑移系多，易塑性变形，其组织由单一的铜晶粒组成。纯铜具有很高的导电导热性（仅次于银）、抗腐蚀性、塑性及加工性能，其物理性能见表 3-1。

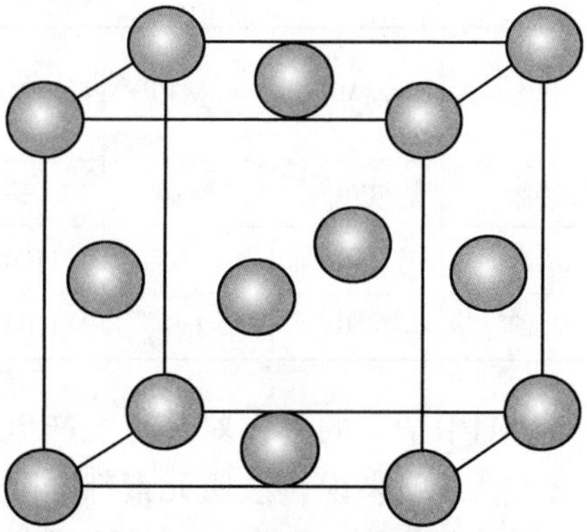

图 3-1　铜的晶体结构

表 3-1　纯铜的物理性能

性　能	数　值
原子量	63.54
晶体结构	面心立方
晶格常数 a/m^{-1}	0.360758
熔点/℃	1083
密度/g · cm^{-3}	8.89～8.95

续表 3-1

性　能	数　值
热膨胀系数（20℃）/℃$^{-1}$	16.5×10^{-8}
比热容（20℃）/kJ/（kg · K）$^{-1}$	0.388
热导率（20℃）/W ·（m · K）$^{-1}$	391
电阻率（20℃）/Ω · m	0.017421×10^{-6}
电阻温度系数/℃$^{-1}$	0.0068

铜具有良好的抗腐蚀性能，铜在许多介质中很稳定，如在大气、水、水蒸气、热水中基本上不受腐蚀，在含有硫酸和SO_2的气体中或海洋性气氛中能产生一层致密即结实的保护薄膜，使铜的腐蚀速度减慢，但在氨或氨盐及氧化性的硝酸和浓硫酸介质中，铜的抗蚀性很差，在海水中的腐蚀速度也很快。

铜的机械性能与它的状态有关，铜经过冷加工，如冷轧、冷拉等，其抗拉强度、屈服强度和硬度提高，而伸长率下降。冷变形后的铜在再结晶温度以上进行加热退火，伸长率又重复升高。纯铜在不同状态下的室温力学性能见表 3-2。

表 3-2　铜的力学性能

状态	σ_b/MPa	$\sigma_{0.2}$/MPa	E/MPa	σ_{-1}/MPa	δ/%	ψ/%	HBS
铸造	170	—	—	—	18	17	—
退火	240	70	110000	90	50	75	45
冷加工	450	380	120000	120	6	35	120

纯铜中杂质的存在对其性能产生较大的影响，特别是对其电导性和热导性影响较大。一般来说，杂质元素都会降低铜的热导性和电导性，但是降低程度随元素不同有所差异，如图 3-2 所示。由图可知，P、Si、Co、Be、Mn 等元素对纯铜的电导性影响较大，而微量元素 Ag、Cd、Cr、Zr、Mg 等对铜的电导性影响不大。

纯铜的强度和塑性主要取决于冷加工程度。铜的可锻性非常好，强度和塑性的比值范围较大。退火铜的抗拉强度为 251～245（MPa），铜的纯度越高，强度值越低。只有冷加工能增加其强度，但冷加工会降低其塑性，如图 3-3 所示。冷加工铜按照热处理效果可分为 1/4 硬化、半硬化、硬化及超硬化铜。冷加工使铜具有致密和精细的组织，强度比热加工大，软铜的布氏硬度经冷加工后可上升 90 左右。

温度对铜的强度影响较大，0℃ 以下的铜不会脆化，如图 3-4 所示。温度下

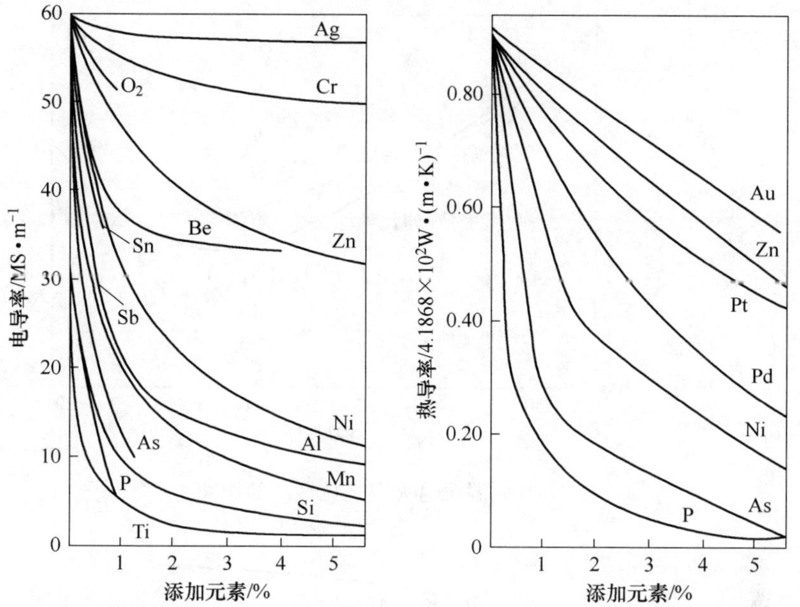

图 3-2 杂质对纯铜的电导率和热导率的影响

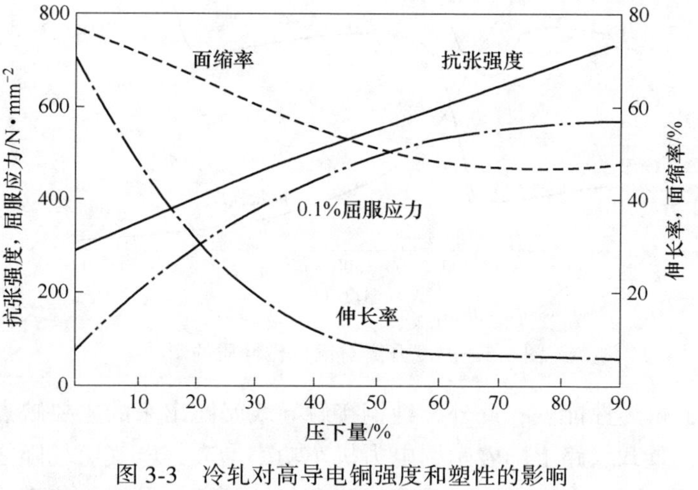

图 3-3 冷轧对高导电铜强度和塑性的影响

降时强度会升高，但屈服应力与伸长率基本不变，断面收缩率下降。当温度增加时铜的强度快速降低，塑性普遍增加，如图 3-5 所示。

纯铜接触导线的导电性优异、耐蚀性好，在我国成都、贵阳等酸雨严重的地区工作未发现严重腐蚀现象，因而得到广泛应用。纯铜接触线的抗拉强度一般为 350MPa，导电率为 97.5%。它是无氧铜杆拉拔成型后使用的接触导线，其强化仅仅依靠加工硬化来实现。纯铜接触导线强度低，易发生断线，弓网故障高；抗

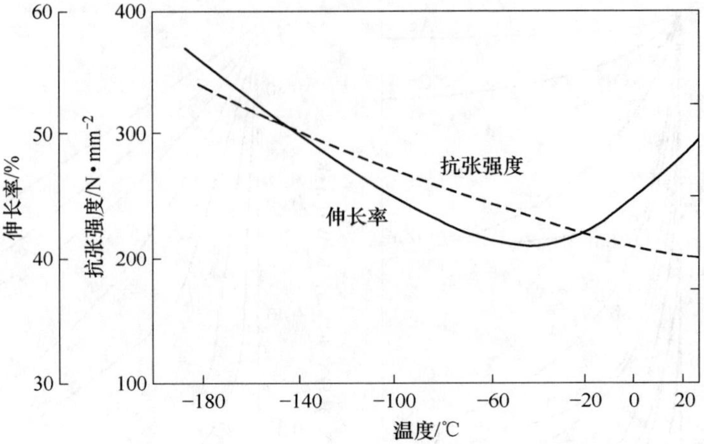

图 3-4　低温对退火铜抗拉性质的影响

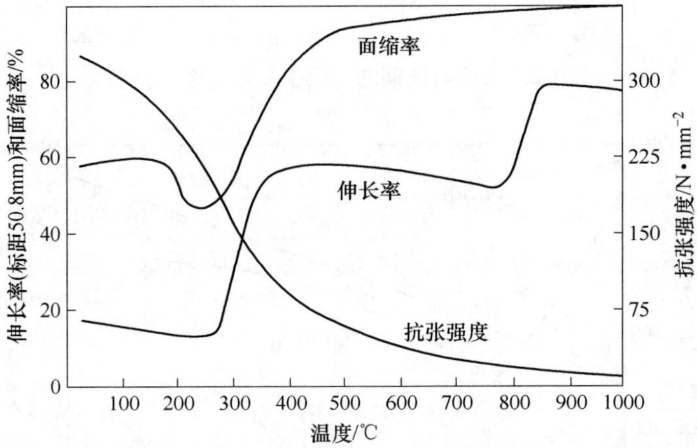

图 3-5　温度升高对铜机械性质的影响

软化温度低，耐热性能差；此外，纯铜接触导线暴露出来的主要缺点还有耐磨性差，在高速、重载线路上随着牵引电力机车功率增大，电气磨耗随之增大，使其寿命大大缩短。因此，在高速、重载线路上，纯铜接触导线无法满足要求，只适合在速度低于 200km/h 的低速铁路上使用。

截面积约为 110mm^2 的纯铜接触线横截面组织形貌如图 3-6 所示。由图可以看出接触线晶粒细小均匀。纯铜接触线的综合性能见表 3-3。强烈的冷变形会形成一种位错密度很高的组织状态，如图 3-6（b）所示。高密度的位错相互交实，形成割阶，位错的可动性减少，使得接触线的强度、硬度大大提高，而电导率也因位错密度的增加而略有降低。

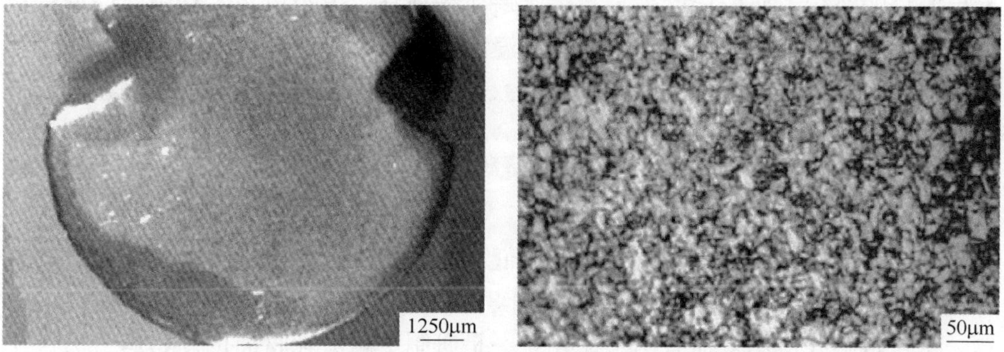

(a) (b)

图 3-6 接触线的组织形貌

(a) 宏观形貌；(b) 微观组织

表 3-3 纯铜接触线的综合性能

性质	抗拉强度/MPa	伸长率/%	电导率/%
数值	374	7.00	99.1

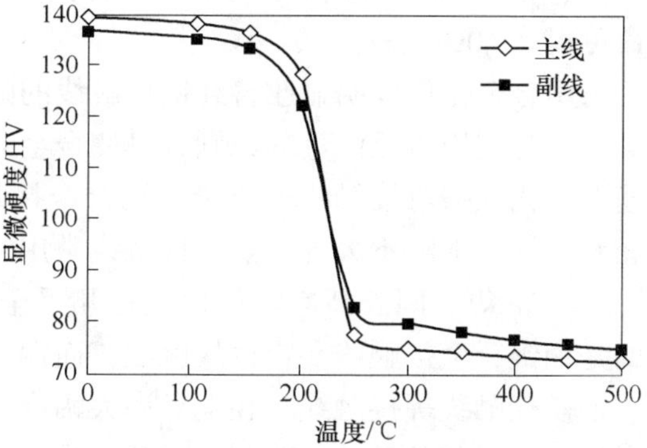

图 3-7 退火温度对纯铜接触线显微硬度的影响

图 3-7 所示是纯铜接触线主线和副线的显微硬度随退火温度的变化曲线。由图可以看出，纯铜接触线主线和副线的显微硬度随退火温度的升高而降低。在开始阶段由于温度较低，接触线的显微硬度变化较为平缓，即回复阶段；随着温度的升高其显微硬度有一急剧下降区间，即发生再结晶阶段；之后下降趋势又变得平缓，即晶粒长大阶段。温度低于 200℃时，纯铜接触线的硬度降低不明显；高于 200℃时，其硬度迅速下降，且变形量越大其下降趋势也越大。根据软化温度的一般定义，按照作图法可求得纯铜接触线的软化温度约为 200℃，其显微硬度降低的主要原因是由再结晶造成的，随着退火温度的升高，纯铜接触线发生了回复和再结晶，回复时晶粒的形状和尺寸并没有发生任何变化，只是金属缺陷的密度和分布改变了，所以显微硬度的变化不明显。而再结晶开始时硬度降低，再结晶程度越高，硬度的降低越显著。这主要是因为当冷变形的金属加热到软化温度以上时，位错密度降低，在原来的变形组织中产生新的无畸变的等轴晶粒，随着时间延长，其等轴晶粒会发生长大现象，随着晶粒的长大，晶界减少，对位错的阻碍作用降低，使其显微硬度

发生明显的变化。变形程度越大，金属畸变能越高，组织也越不稳定，向低能量状态变化的倾向也越大，因而其再结晶温度也越低，所以对于变形量大的接触线主线来说，当退火温度高于软化温度时，其显微硬度降低的趋势比接触线副线大一些。

3.2　铜合金接触线

由于纯铜接触线强度低、软化温度低、硬度低，因而磨耗大、寿命低，磨耗严重的区段接触线使用寿命仅为 4~6 年，接触线磨耗问题已成为急需研究的课题。延长接触线使用寿命有两个途径：一是研制更耐磨耗材质的新材料，另一个是通过加工工艺改变接触线的结构和性能。

接触线合金化是解决以上问题的主要途径。一些电气化铁路发展较快的国家，如英、美、法、日、苏、德等国，根据不同的用线要求，在铜接触线中加入不同的合金元素。已投入使用的有铜锡、铜银、铜镁、铜镉等铜合金接触线。

加入合金元素虽然提高了接触线的强度、硬度、耐磨性及软化温度，但其导电率也随之减小。例如，铜中加入少量的镉，其机械强度、硬度、耐磨性可提高约 30%，但是电导率下降了约 17%；在铜中加入少量的锡，电导率下降约 20%，寿命可提高 40%左右。

采用合金化可以明显改善纯铜接触线的耐热性能，提高软化温度以及机械强度等，同时利用多元微量的原则，可使合金元素对电导率的影响降至最小，满足高速电气化铁路对接触线的要求。铜合金接触导线具有高温强度高、耐磨性好，而相对电导率下降不大等优点。接触线常用的合金元素主要有 Ag、Mg、Cd、Cr、Zr、Sn、Re 等。国外高速电气化铁路几乎全部采用铜合金接触导线，应用最广泛的是铜银合金接触线和镁铜接触线，而铜锡银接触线、铜锡接触线、铜镉接触线、铜镁接触线等接触线存在电导率大幅度降低、合金元素在合金化过程中易挥发和烧损、工艺条件较为苛刻、成分不易控制等问题，此类铜合金接触线目前应用较少。

3.2.1　铜银合金接触线

银（Ag）是属于固溶性的合金元素，具有固溶度低、熔点高、硬度高等特点，将 Ag 引入铜基体后可形成固溶体从而使基体材料得到强化，但将导致铜基材料的电导率有不同程度的降低。研究表明：Ag 元素对铜的电导率影响不大，而且具有较好的加工性能与耐热性。因此，铜银合金接触线被广泛应用于各国的电气化铁路接触线材料中。日本是最早使用铜银合金接触线的国家之一，至今已有 50 余年历史。现在我国生产的铜银合金接触线已完全能够替代进口产品，主要工艺为 SCR 连铸连轧+拉拔，产品各项技术性能指标已达到或优于国外同类产品，但铜银合金接触线存在造价太高的问题。

图 3-8 所示为 Cu-Ag 二元相图，由图可知，在共晶温度点，银在铜中的溶解度为 7.9%，随着温度的降低，银在铜中的溶解度显著降低，室温时不超过 0.1%，但在生产条件下，含 0.5%银的银铜仍可获得单一固溶体。银与其他固溶于铜的元素不同，如图 3-9 所示，含量在 0.08%～0.12%范围的银对纯铜的导电性几乎没有影响，固溶的银还可以强烈提高铜的软化温度，显著提高蠕变强度；如图 3-9 所示，银在纯铜中起固溶强化作用，可以提高铜的硬度和强度，同时不降低铜的加工性能。因此，Cu-0.1%Ag 合金完全可满足接触线的使用要求，且不像 Cu-Ag-Cr 等合金需要淬火时效等复杂的热处理工艺，从而可减少生产工序，降低成本。

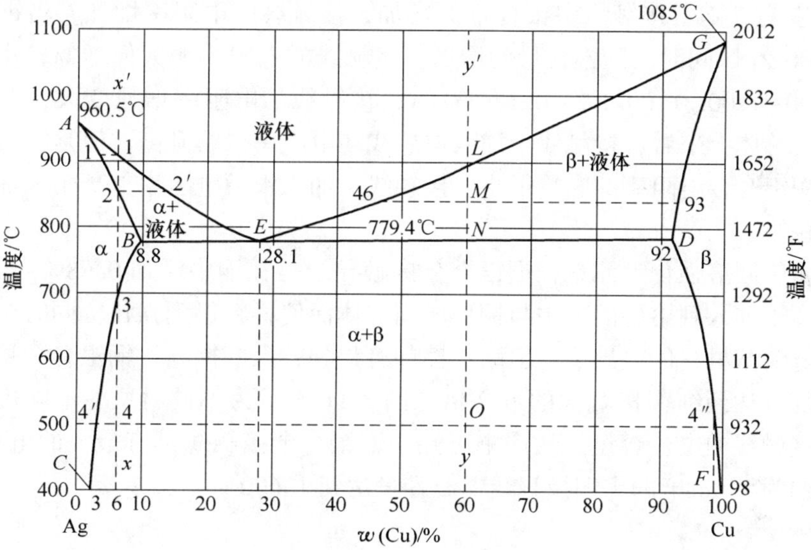

图 3-8　Cu-Ag 二元相图

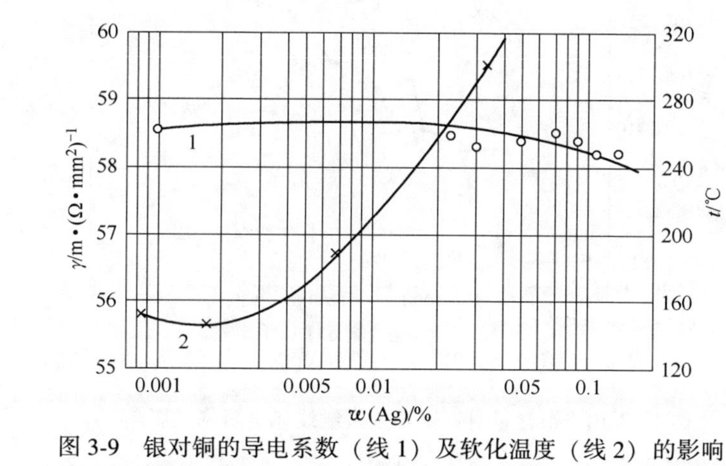

图 3-9　银对铜的导电系数（线 1）及软化温度（线 2）的影响

铜银合金接触线相关性能指标主要包括电阻率、抗拉强度、软化性能以及磨损等。

3.2.1.1　电阻率

电阻率是用来表示各种物质电阻特性的物理量。某种物质制成的原件（常温下 20℃）的电阻与横截面积的乘积与长度的比值称为这种物质的电阻率。电阻率与导体的长度、横截面积等因素无关，是导体材料本身的电学性质，由导体的材料决定，且与温度有关。

银含量对铜银合金接触线电阻率的影响如图 3-10 所示。由图可知，添加银后，铜银合金电阻率增大，由纯铜时的 0.01698Ω · mm^2/m 增大至 0.0171Ω · mm^2/m 左右。随着接触线中银含量的增加，接触线的电阻率增加。当银含量在 900～1000g/t 区间时，随银含量的增加，接触线的电阻率增大但增幅较小。银含量在 1000～1200g/t（0.1%～0.12%）时，接触线的电阻率增速变大，电阻率显著增大。总体上来看，接触线中加入银后线坯电阻率持续升高，但是银含量的增加对于铜银合金电阻率的影响很小，接触线中加入银后电阻率都高于未加入银的纯铜接触线。

银属于固溶强化型元素，铜银合金接触导线是在铜中添加 0.08%～0.12%的银元素。银加入到熔融的铜中与铜形成固溶体而使材料得到强化，同时会不同程度地降低铜基材料的电导率，但耐热性却可得到较大的提高。铜银合金接触线的使用温度可达到纯铜接触线的近 2 倍。图 3-11 所示为不同材质、不同规格铜及铜合金接触线的电流容量。从图中可知，铜银合金接触线具有最大的电流容量，截面积约为 110mm^2的银铜接触线电流容量达到了 600A。

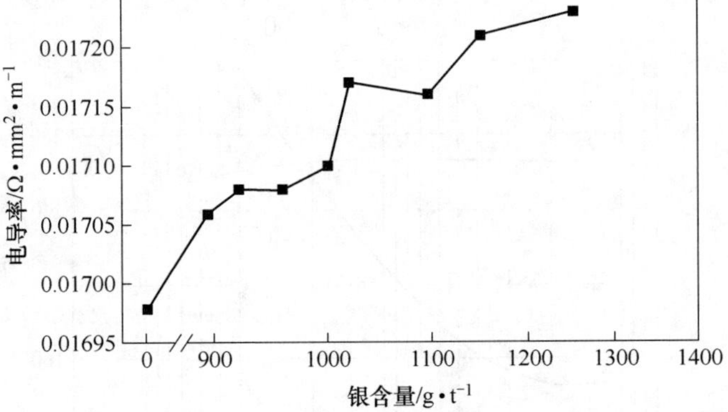

图 3-10　银含量对铜银合金接触线坯电阻率的影响

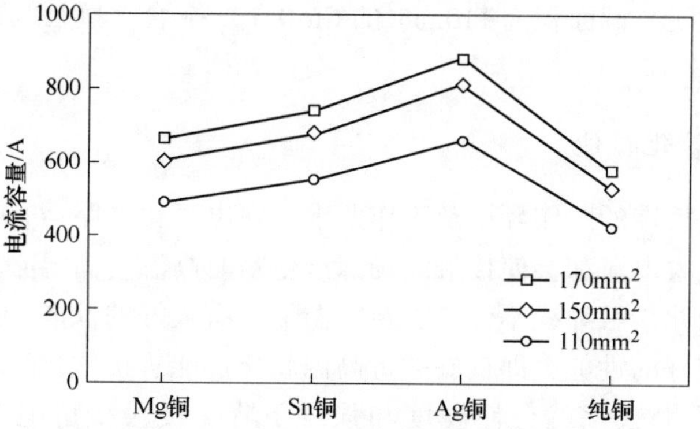

图 3-11 不同材质、规格接触线的电流容量

3.2.1.2 抗拉强度

当材料屈服到一定程度后，由于内部晶粒重新排列，其抵抗变形能力又重新提高，此时变形虽然很快，但却只能随着应力的提高而提高，直至应力达最大值。此后，材料抵抗变形的能力明显降低，并在最薄弱处发生较大的塑性变形，此处试件截面迅速缩小，出现颈缩现象，直至断裂破坏。材料受拉断裂前的最大应力值称为强度极限或抗拉强度。

试样在拉伸过程中，材料经过屈服阶段进入强化阶段后随着横向截面尺寸明显缩小，在拉断时所承受的最大力除以试样原横截面积所得的应力称为抗拉强度。

银含量对铜银合金线坯抗拉强度的影响如图 3-12 所示，由图可知，添加银后，铜银合金抗拉强度显著提升，由纯铜时的 217MPa 提升至 240MPa 左右。随着线坯中银含量的增加，线坯的抗拉强度也随之增加。当银含量在 900~1000g/t 区间时，Cu-Ag 合金线坯的抗拉强度随银含量的提高明显增大。银含量在 1000~1200g/t 时，线坯的抗拉强度也随铜银合金线坯中银含量的提高增大，但是线坯中银含量的增加对于抗拉强度的影响相对于 900~1000g/t 区间大幅度减弱。

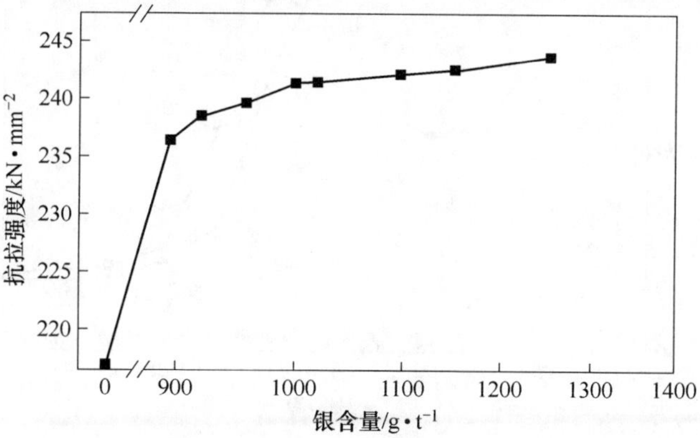

图 3-12 银含量对铜银合金接触线坯抗拉强度的影响

国内研究表明，截面积为 110mm² 的 Cu-0.1%Ag 合金接触线在 20℃时的抗拉强度为 360MPa。

3.2.1.3　软化性能

由于接触线特殊的工作环境及工作要求，在电气化铁路运行过程中，高速摩擦产生的火花或大电流都会使接触线局部产生瞬时高温。高温必然会产生金属接触线的软化。因此接触导线不仅要求在室温下具有较好的性能，而且要求在高温环境下也具有较好的性能，即良好的抗高温软化性能。抗软化是接触线的另一重要指标，如果发生软化就会使硬度和强度下降，接触线可能会被拉断，造成事故。

硬度对合金组织变化较为敏感，因此，常以接触线的硬度来判断 Cu-Ag 合金的抗软化性能。退火 1h 后自然冷却，材料的硬度降为原始硬度 80%的温度称为软化温度。中国铁道行业标准中对电气化铁道用铜及铜合金接触线软化作出如下定义：试样加热到 300℃±5℃保温 2h 后自然冷却，其强度和硬度低于初始值的 90%，称为软化。

图 3-13 所示为 1h 及 2h 退火对银铜合金硬度的影响规律曲线。从图中可以看出，退火温度在 300~350℃以下，硬度数值变化较小，在 350~450℃之间硬度曲线陡直，硬度随退火温度的升高快速降低，450℃后硬度曲线与温度轴线近乎于平行，即这一阶段退火温度对材料硬度变化的影响微弱。银铜合金退火 1h 和 2h 的硬度差别并不大，两条曲线基本重合，主要区别就在于在软化开始阶段略有不同，退火 2h 的软化温度比退火 1h 的要提前 30~40℃。许多研究表明，Cu-Ag 合金的软化温度在 300~320℃左右。

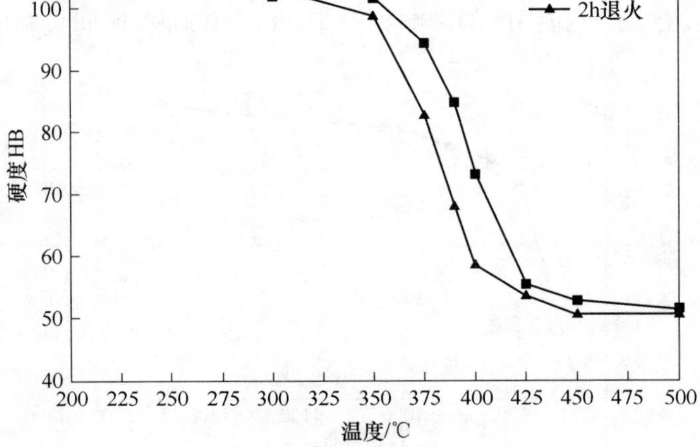

图 3-13　银铜合金的软化曲线

3.2.1.4　磨损性能

磨损可以定义为：由于机械作用，从运动着的相互接触表面分离出来的微粒逐渐被排掉，从而使零件在尺寸上产生了不希望的累积性变化。磨损是普遍存在的自然现象，只要两个承载的物体作相对运动，就存在着磨损的潜在条件，磨损是材料失效的主要方式之一。

随着电气化铁路向高速重载方向发展，对接触线的强度和耐磨性提出了更高的要求。纯铜接触线尽管导电率大于96%，但强度偏低，特别是高温时，强度更低，而且由于自然时效的作用，发生蠕变，强度将会逐渐变小，在大荷载电流通过产生的热效应作用下，强度衰减更加显著。显然，接触线已经成为制约高速铁路发展的瓶颈。因此，在研制电接触导线的过程中，材料的滑动摩擦磨损性能也非常重要。对铜银合金接触导线磨损表面形貌的宏观和微观分析表明，磨损表面有大量的塑性变形迹象，滑动方向上有明显的犁沟和切削痕迹，其纹路与滑动方向一致，且在磨损表面有黑色物质生成。通过能谱分析黑色物质含有氧元素，因此为氧化铜，可起到磨粒的作用，同时氧化铜还可起到润滑的作用，减少其磨损。在磨损初期只是发生磨粒磨损，且磨损并不严重。随着时间的延长，部分银铜会黏着到钢铁摩擦副表面，磨损会加大，磨粒磨损转变为黏着磨损。铜摩擦副的剥落坑和黏着块明显比钢铁摩擦副的大，其磨损机制为黏着磨损。

金属材料在常温或再结晶温度以下加工时会产生强烈的塑性变形，使晶格扭曲、畸变，晶粒产生剪切、滑移，晶粒被拉长，这些都会使表面层金属的硬度增加，减少表面层金属变形的塑性，这种材料的强化称为冷作硬化。金属在冷态塑性变形过程中，金属的强化指标（如屈服点、硬度等）提高、塑性指标（如伸长率）降低。

3.2.2　铜锡合金接触线

电气化铁路接触线用的铜锡合金（即Cu-Sn合金）属于低合金铜，不属于锡青铜合金（含Sn 3%~14%）。低合金铜基本上由高纯铜添加少量元素形成，目的是为了改善强度和机械加工性能而又不显著降低其电导率。接触线用的Cu-Sn合金含Sn量在0.04%~0.6%之间。Cu-Sn合金接触线具有良好的导电性，电导率为60%~93.2%；机械强度为367~460MPa。120mm^{2}拉断力为44.1~50.82kN，工作温度为150℃，载流量可提高13%~26%；抗高温软化性能方面，软化后降低8.15%，伸长率提高2%~6%。可用于300km/h以上的高速铁路。

铜能与多种元素形成合金，从而大大改善铜的性质，使之易于进行冷、热加工，并增加抗疲劳强度和耐磨性能。锡最重要的特点是熔点低，能与许多金属形成合金，无毒、耐腐蚀。铜和锡形成的二元Cu-Sn合金相图如图3-14所示。从图中可知，锡的原子半径大于铜，能与铜形成有限置换固溶体，存在6种相。工业上常用α和δ两相。α相是面心立方晶格的固溶体，δ相是金属间化合物$Cu_{31}Sn_8$为基的固溶体，硬而脆。锡含量小于5%时形成单一面心立方相α。200℃时溶解度1.3%，室温下锡的溶解度约0.5%。因此，接触线用的Cu-Sn合金含Sn量在0.04%~0.6%之间，此成分范围内锡与铜形成单相固溶体α相。

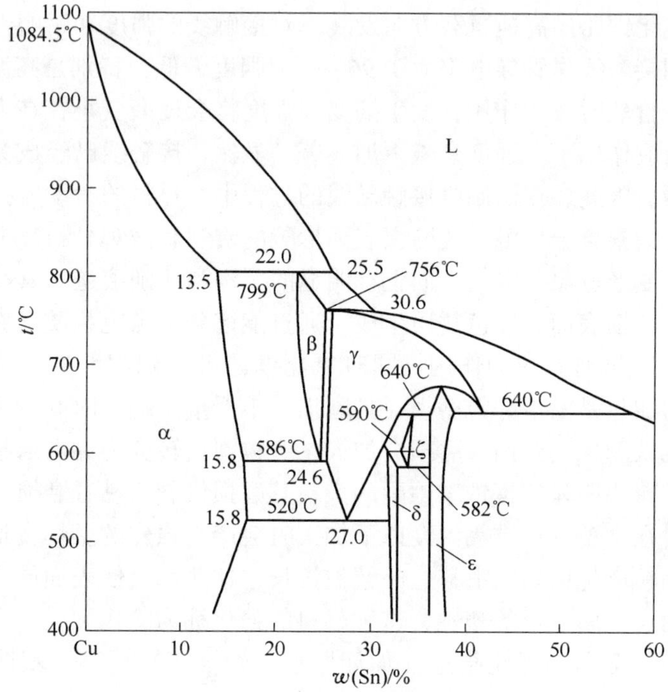

图3-14　Cu-Sn合金相图

铜锡合金接触线相关性能指标主要包括导电率、抗拉强度、软化性能以及磨损等。

3.2.2.1　电导率

当金属形成固溶体合金时，与纯组元相比，导电性能降低了，实际上即使是在低导电性的金属溶剂中加入高导电性的金属溶质也是如此。图3-15所示为锡含量对热型连铸Cu-Sn合金线杆电导率的影响。从图中可以看出，锡含量小于0.3%时，随着锡含量的增加合金电导率急剧下降；锡含量大于0.3%时，随着锡含量的增加合金电导率下降幅度变小。总的来说，随Sn含量的增加，铜的电导率随之下降。由于锡与铜形成固溶体，锡的原子半径比铜大得多，当加入铜中的锡固溶于铜时，将导致晶格畸变，使电子在电势作用下的运动阻力增加，电阻增大。

根据 Matthiessen 规则，稀固溶体的电阻率由两部分组成，一部分是纯溶剂（与温度有关）的电阻率，另一部分是与溶质浓度和其他晶体缺陷有关的附加电阻率。但 Matthiessen 规则忽略了溶质与溶剂间的相互影响。在 Cu-Sn 合金中增加锡的含量，理论上溶质原子的加入会引起金属正常的晶体结构发生畸变，引起电导率下降；李来军等人采用热型连铸技术制备的 $Cu\text{-}Ag_{0.1}$ 合金线杆的电导率为 98%左右；而从图 3-15 中可以看到 $Cu\text{-}Sn_{0.1}$ 合金线杆电导率为 90%。由于银的原子半径大于锡原子，引起的晶体点阵畸变应当更大，即引起电导率的下降也应更大，但实际却相反，银的加入引起电导率下降很小，这说明溶质原子加入造成的晶体畸变并不总是引起电导率变化的主要原因，可能与溶质与溶剂间相互作用引起能带结构的变化以及晶格振动的改变有关。

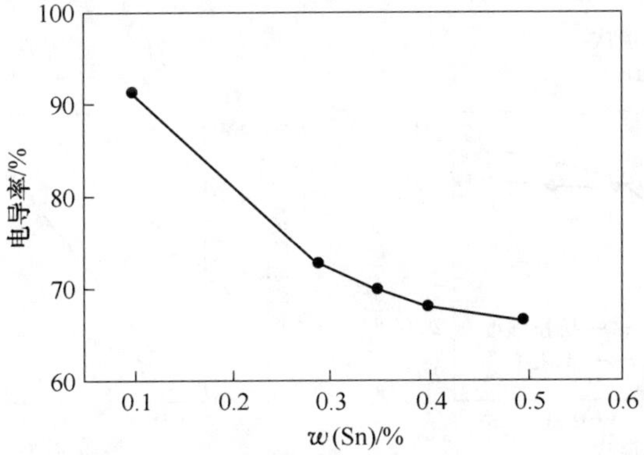

图 3-15 锡含量对热型连铸 Cu-Sn 合金线杆电导率的影响

对上引连铸制备不同 Sn 元素含量的 Cu-Sn 合金杆，经连续挤压扩展变形加工为线径 28mm 的杆材，最终经过轧制拉拔制备成横截面为 120mm² 的铁路接触线 CTS120。Sn 元素含量对 Cu-Sn 合金电导率的影响如图 3-16 所示，从图中可以看出，随着 Sn 元素含量的增加，合金电导率明显下降。当 Sn 的质量分数为 0.05%时，合金的电导率最高，为 91.3%IACS；当 Sn 元素的质量分数为 0.3%时，合金的电导率最低，为 78.8%IACS。

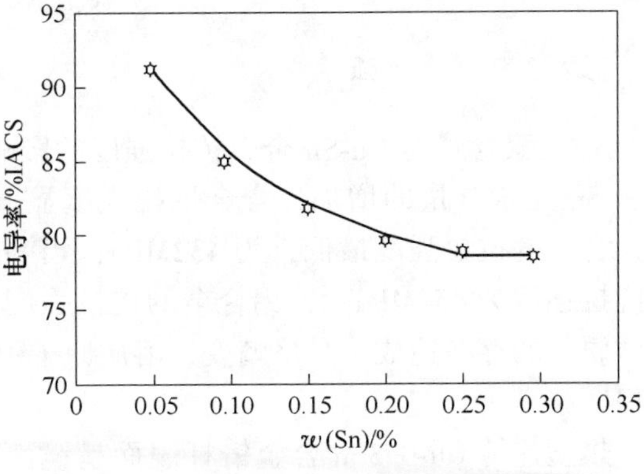

图 3-16 Sn 含量对 Cu-Sn 合金电导率的影响

从图 3-15 和图 3-16 可以看到，热型连铸制备的 $Cu\text{-}Sn_{0.3}$ 合

金线杆电导率为 72%，上引连铸+连续挤压+轧制拉拔工艺制备的 Cu-Sn0. 3 合金接触线电导率为 78. 8%。因此，不同的成型工艺制备的 Cu-Sn 合金的电导率不相同。图 3-17 所示为不同工艺不同道次制备的 Cu-Sn 合金的性能比较图，不同的成型工艺制备的 Cu-Sn 合金的电导率和抗拉强度也不相同。综上所述，Cu-Sn 合金的电导率和抗拉强度与成型工艺有关。

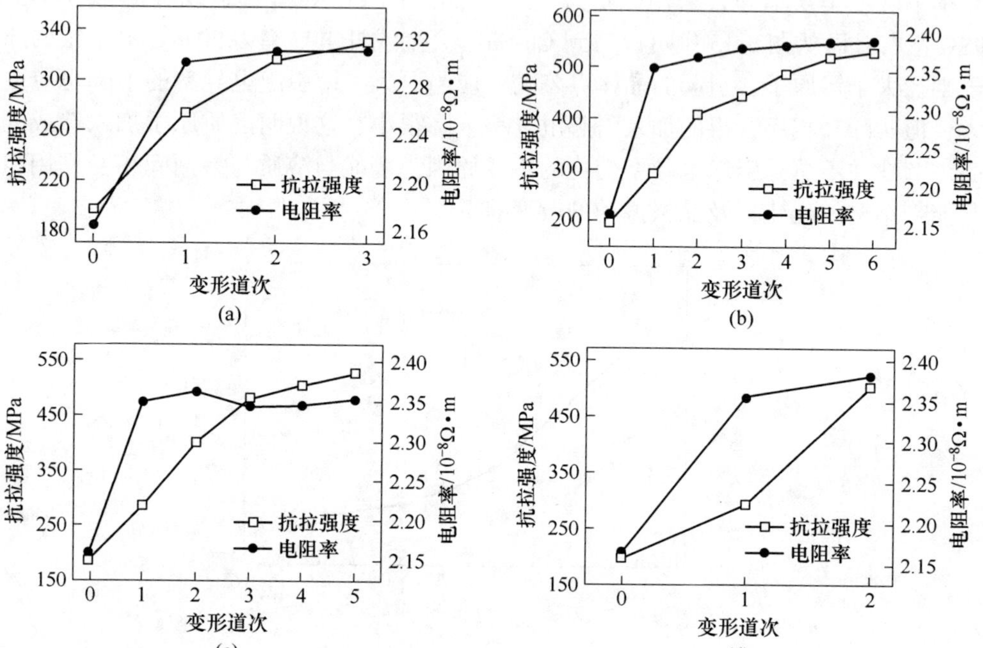

图 3-17　不同工艺制备的 Cu-Sn 合金的性能比较

（a）连铸 3 道次连拉 Cu-Sn 合金；（b）连铸 5 道次连拉 Cu-Sn 合金；
（c）连铸连挤连轧 3 道次连拉工艺合金；（d）连铸连挤连轧 1 道次连拉工艺合金

3. 2. 2. 2　抗拉强度

Sn 元素含量对 Cu-Sn 合金抗拉强度的影响如图 3-18 所示，从图中可以看出，随着 Sn 元素含量的增加，合金抗拉强度显著增加。当 Sn 的质量分数为 0. 05%时，合金的抗拉强度最低，为 432MPa；当 Sn 元素的质量分数为 0. 3%时，合金的抗拉强度为 454MPa。铜锡合金的抗拉强度远大于纯铜和铜银合金的强度。Sn 溶质原子的存在造成了晶格畸变，溶质原子引起的晶格畸变越大，合金强度提升的程度越高。

热型连铸 Cu-0. 3Sn 合金铸杆表面呈镜面状，组织致密，无夹杂和气孔等铸造缺陷，具有轴向挺直平行排列的柱状晶及单晶组织。图 3-19 所示为热型连铸

Cu-Sn 合金杆力学性能与含锡量的关系图。从图中可以看出，随着合金中锡含量的增加，铸杆抗拉强度直线上升，在 $w(Sn)<0.5\%$时，抗拉强度与锡含量的加入基本成一次线性关系，而伸长率略微有所下降。总体上看，Cu-Sn 合金铸杆具有较高的塑性和较低的室温抗拉强度。Sn 的质量分数在 0.1%~0.5%时，合金铸杆的抗拉强度在 150~185MPa。与普通金属型铸造相比，抗拉强度约低 12%，伸长率约高 30%。可见使用热型连铸法生产出的铜锡线材的抗拉强度太低，不能直接使用，必须经过后续工艺处理。

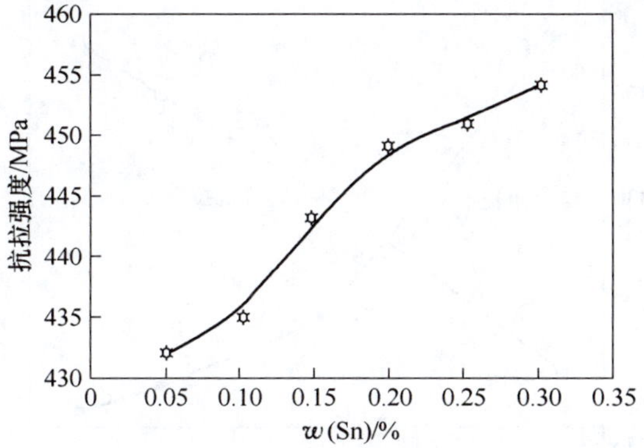

图 3-18 Sn 元素含量对铜锡合金接触线抗拉强度的影响

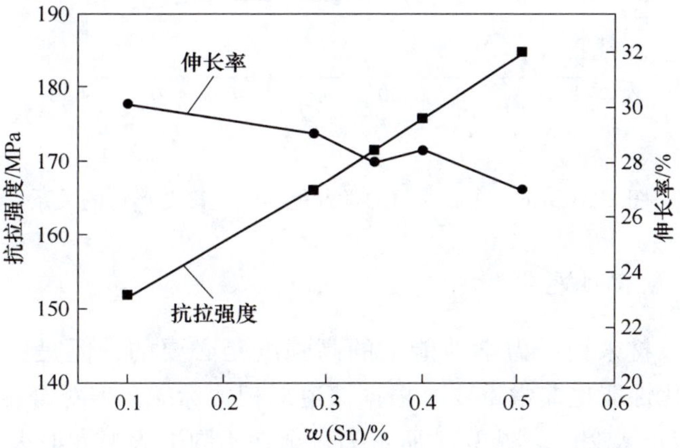

图 3-19 热型连铸 Cu-Sn 合金杆力学性能与含锡量的关系

原始铸态的晶粒很大，整个截面只有几个柱状晶甚至是单晶，没有细晶强化作用，仅依靠加工硬化来提高强度非常有限，因此有必要通过细化晶粒来提高其强度和塑性。为了细化晶粒，采用中间再结晶退火工艺；同时需考虑退火后冷拔变形量。选取 Cu-0.3Sn 合金线杆进行冷变形，冷变形率为 38%，然后再进行

500℃，1h 的再结晶退火，最后再进行冷拔，冷变形率为 54%。图 3-20 所示为 Cu-0. 3Sn 线材力学性能与二次冷变形量的关系图，从图中可以看出，退火后合金抗拉强度与冷变形率有着很好的一次线性对应关系，而且曲线斜率较大，说明加工硬化率比直接冷变形的高，同时冷变形后电导率也下降不多，这样通过中间再结晶退火使电导率得到明显的回升。冷变形 54%后电导率为 73. 2%IACS，超过铸态时的 0. 4%，其抗拉强度为 421MPa。

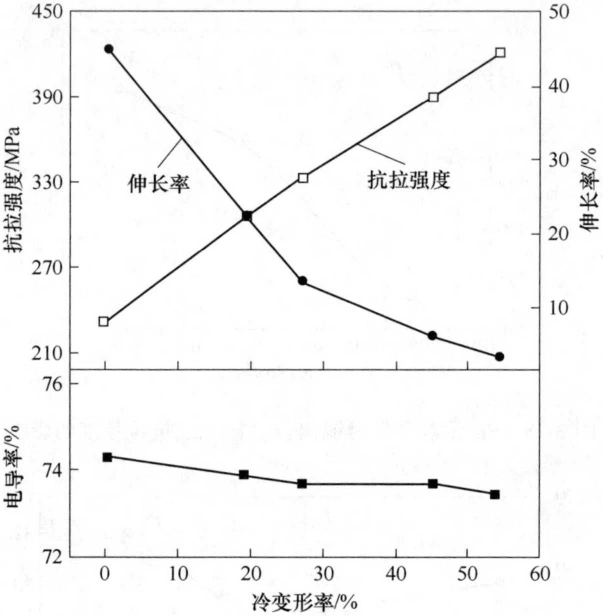

图 3-20　Cu-0. 3Sn 线材力学性能与二次冷变形量的关系

3. 2. 2. 3　软化性能

对于合金线材来说，力学性能上的高强度是必要的，但是由于处于冷变形态，耐高温软化性能也非常重要。根据铁道部相关标准，需对合金进行软化性试验（300℃保温退火 2h）。图 3-21 所示为合金在不同退火温度退火 1h 后力学性能的变化，试验表明：在 300℃退火 2h，经过中间退火处理的冷变形态 Cu-0. 3Sn 合金线材强度下降不到 6%，低于国家 Cu-Sn 接触线的相关标准要求。

冷变形态的 Cu-Sn 合金线材的软化过程，实际上是回复和再结晶的过程，软化过程的驱动力是冷变形合金存储的储存能，要提高耐软化性，就要设法降低冷变形金属的储存能。采用较低的冷变形量有利于提高 Cu-Sn 合金线材的耐高温软化性能。

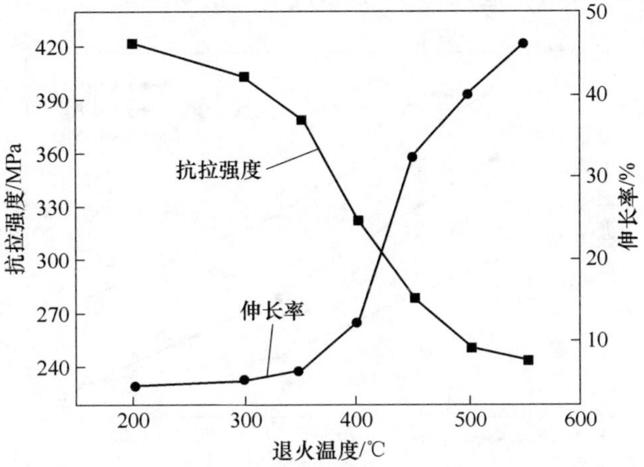

图 3-21 冷变形 54%合金杆退火温度与力学性能关系

3.2.2.4 磨损性能

接触线在运行中，受电弓和接触线的摩擦造成的接触线截面积减小称为接触线磨耗或磨损。接触线的磨耗使接触线截面积减小，会影响接触线的强度安全系数。运营中，要求每年至少进行一次接触线磨耗测量，当接触线磨耗达到一定限度时应局部补强或更换。如发现全锚段接触线平均磨耗超过该型接触线截面积的20%时，应全部更换。局部磨耗超过 30%时可进行补强。当局部磨耗达到 40%时应切换做接头。

当滑动速度为 0.1m/s 时，铜锡、铜银、铜镁合金接触线在连续挤压工艺下的干滑动摩擦磨损，摩擦系数随着施加载荷增加的变化趋势如图 3-22 所示。随着施加载荷的增加，摩擦系数表现出下降的趋势。此外，从图中可以看出，Cu-Mg 合金的摩擦系数大于 Cu-Sn 合金，而 Cu-Ag 合金的摩擦系数是最小的。另外研究还表明：Cu-Sn，Cu-Ag，Cu-Mg 合金的摩擦系数随着施加载荷和滑动速度的增加而减少，摩擦系数的变化受摩擦层的形成影响。Cu-Mg 合金的质量损失/滑动距离是最大的，这表明 Cu-Mg 合金的耐磨损性能比 Cu-Sn 和 Cu-Ag 合金更差。在不同的载荷和滑动速度条件下磨损率的变化与磨损行为相关。除了 Cu-Mg 合金，其他合金的质量损失/滑动、磨损率随施加载荷和滑动速度的增加而增加。

对不同条件下的磨损表面进行观察和分析，结果表明，主要磨损机制是磨粒磨损、黏着磨损、氧化磨损和塑性变形。磨粒磨损和氧化磨损机制在低施加载荷（50N）和较低滑动速度（0.1m/s）时被检测到。黏着磨损和氧化磨损机制在中等施加载荷（80N）和较低滑动速度（0.1m/s）下是主要的磨损机制；塑性变形在中等施加载荷（80N）、中等和较高滑动速度（0.2~0.3m/s），以及较高施加载荷（110N）和较低滑动速度（0.1m/s）下占主要地位。

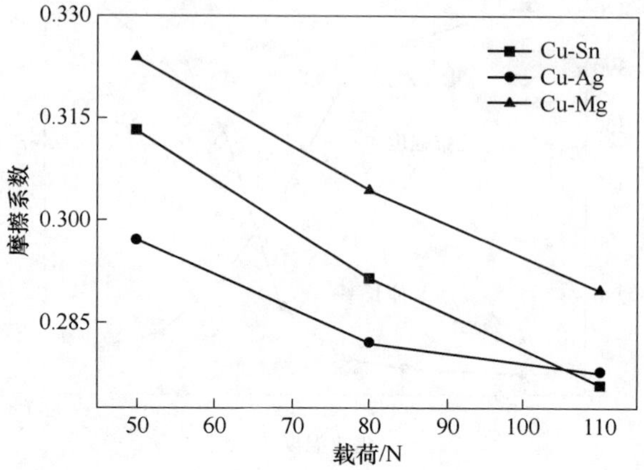

图 3-22　滑动速度为 0.1m/s、不同的施加载荷下摩擦系数的变化

3.2.3　铜镁合金接触线

纯铜的抗拉强度仅为 225～235MPa，布氏硬度约为 392～490MPa，伸长率为 50%。采用冷作硬化方法可将铜的抗拉强度提高到 392～490MPa，布氏硬度提高到 980～1176MPa，电导率只下降 2%，同时伸长率急剧下降到 2%左右。因此要进一步提高铜的强度，并保持较高的塑性，就必须在铜中加入适当的合金元素使其合金化。依据合金相图，元素在固态铜中的极限溶解度大于 0.2%，可用于固溶强化。常用作铜合金固溶强化的元素是 Zn、Al、Sn、Mn、Ni，固溶度均大于 9.4%。有些元素如 Pt、Pd、In、Ga 等在铜中的固溶度也很大，但属稀贵元素，一般不用作合金元素。有些合金元素如锑、砷在铜中的固溶度也较大，但因其使合金塑性下降，故也不用作固溶强化元素。通过固溶强化可使铜的强度由 235MPa 提高到 637MPa。据以上原则，用作电车线材料的合金化元素多采用 Ag、Cd、Cr、Zr、Sn、Re 等，以便尽量少地降低电导率。

镁在 20℃时的比重为 1.74g/cm^3，其晶格结构为密排六方晶格，蒸汽压较高，具有强烈的氧化性。镁对铜镁合金力学性能的影响主要是延长持久断裂时间及提高持久塑性（图 3-23）。镁微合金化提高了合金的持久塑性，是改善持久缺口敏感性的有效手段。镁微合金化对力学性能的有益影响经长期高温时效或长期高温使用后仍能保持住。这是因为镁是平衡偏析元素，经高温长期暴露，其晶界偏析加剧，偏析层变薄，在蠕变应力作用下，镁在晶界的分布可能发生变化，即晶界作用。另外也有研究表明，这是由于镁可能还存在于 γ 相中。

图 3-24 所示为 Cu-Mg 合金相图，从图中可知，镁含量较高时，Cu-Mg 合金能进行热处理强化，但由于合金元素含量高时导电性及塑性降低，故接触线用

Cu-Mg 合金中铜含量很低，不能进行热处理强化，若想提高强度可采用冷变形强化。

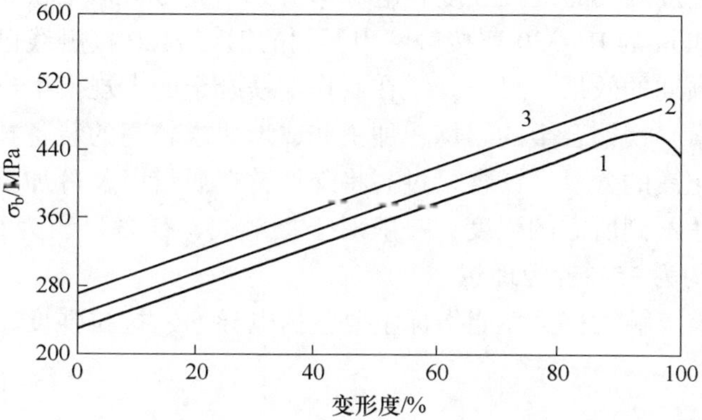

图 3-23 镁铜合金强度与变形度的关系

1—Cu；2—Cu+0.1%Mg；3—0.3%Mg

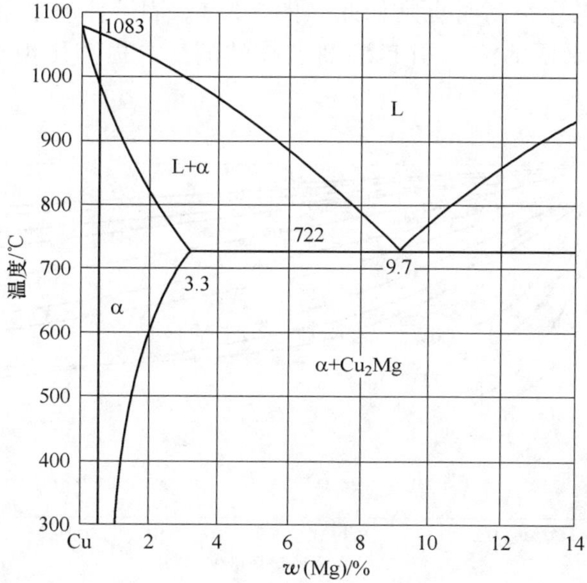

图 3-24 Cu-Mg 合金相图

镁有限固溶于铜，溶解度随温度下降而减少，含 2.5%~3.5%镁的铜合金为 γ 相（Cu_2Mg），从过饱和固溶体中析出而产生沉淀硬化，但是随着 γ 相含量的增加，压力加工性能急剧变坏，所以实际应用的 Cu-Mg 合金的镁含量小于 1%，这类合金只能加工硬化，不能热处理强化。含 0.1%~0.35%镁的铜合金（杂质铁不大于 0.05%，杂质总和不大于 0.15%）可代替镉青铜，用作工作温度、电负荷、机械负荷较高时的接触环和换向板；含 0.3%~0.7%的镁和含 0.7%~

1.0%镁（杂质铁均不大于0.05%，杂质总和均不大于0.1%）的铜合金可用作电缆和其他导线。

Cu-Mg 合金接触线的抗拉强度和电导率分别可达 500MPa 和 68.1%。德国在开发时速达 330km 的 Re-330 型接触网中研制的铜镁-120 接触线已进入试运行阶段，并取得了预期的效果。另外，镁在制作铜镁合金的大规模生产中是难以连续稳定控制的元素，镁铜合金的熔炼、加工和成形要求较高的装备技术水平，在生产合金时要优化镁的含量。镁含量过高将降低铸造质量以及冷加工的可能性，但镁含量太低则达不到所需的强度，一般对于接触线，镁含量约为0.6%（质量分数）和变形量约为75%最为理想。

Cu-Mg 合金接触线相关性能指标主要包括电导率、抗拉强度、软化性能以及磨损性能等。

3.2.3.1　电导率

一般情况下，形成固熔体时合金的电导率降低，电阻率升高，即使是溶质的电导率比溶剂的电导率高时也是如此（图 3-25）。固熔体的电阻率比纯金属高，主要原因是溶质原子的溶入引起溶剂点阵的畸变，提高了电子散射，使电阻升高。

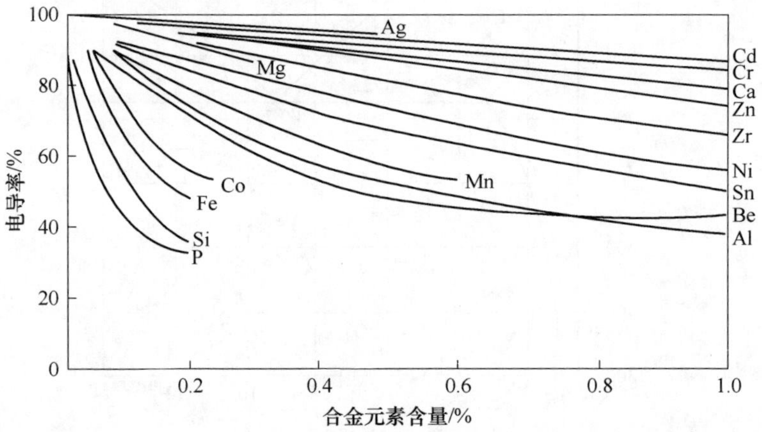

图 3-25　合金元素对铜合金导电性的影响

合金电阻由两部分构成，一是溶剂的电阻随温度升高而升高；二是溶质引起的附加电阻，它与温度无关，只与溶质原子的浓度有关。固熔体有序化对合金电阻有显著影响，异类原子使点阵的周期场遭到破坏而使电阻升高，而固熔体的有序化则有利于改善离子电场的规整性，从而减少电子散射，使电阻下降。有些合金形成不均匀固熔体，即固熔体中的溶质原子产生偏聚，使电子散射提高，电阻增大。冷变形对固熔体电阻的影响如纯金属一样，也使电阻增大，所不同的是形变对固熔体合金电阻的影响比纯金属大得多。影响 Cu-Mg 合金导电性的因素有铸造缺陷、微观结构、回复和再结晶、杂质元素等。

（1）铸造缺陷：当铸造缺陷增多时，对电子散射作用加大，故电阻率增大，所以必须尽量减少铸造缺陷。

（2）微观结构：金属的晶界中存在着大量的空位、位错等缺陷，加上在晶界处存在溶质元素的偏析，因此金属的晶界可以看作是含有杂质的大量晶体缺陷的单晶体隔离层，成为电子传输的散射中心，引入散射，电阻增加。增加定向凝固的凝固速度，导电相晶体一次间距随之增大，材料在与凝固方向垂直的横截面上晶界或相界密度减小，有利于提高材料电导率，但此时枝晶粗大，材料强度不高；进一步增大凝固速度，一次间距减小，基体细化，材料强度得到改善，但同时对基体相电导率影响也增大。

（3）回复和再结晶：研究表明，回复可以降低点缺陷浓度，提高导电性。

（4）杂质元素：金相组织中杂质微粒对导电特性的影响可分为三种情况：

1）材料中无杂质，金属晶格没被破坏，自由电子的空间移动无障碍，其可从晶体小颗粒中自由通过；

2）材料如果是定向凝固组织，杂质只是破坏了部分金属晶格，但未对自由电子的定向移动造成大的障碍，自由电子尚可从晶体小的颗粒之中自由通过；

3）材料如果是多晶情况，金属晶格周围被杂质包围并破坏，对自由电子的定向移动造成很大障碍，此时杂质粒子将使自由电子通路隔断，被隔离的金属晶体小颗粒已与金属母体形成互容，使电能损耗大为增加。多晶的电阻率大于定向凝固组织和单晶。

张光伟等人通过上引连续铸造—连续挤压法制备了横截面为 150mm^2 的 Cu-Mg 合金接触线，研究了 Mg 含量对合金电导率的影响（图 3-26）。从图中可以看出，在 Mg 元素的质量分数为 0.025%～0.6%时，随着 Mg 元素含量的增加，Cu-Mg 合金接触线的电导率明显降低。当 Mg 含量为 0.025%时，合金的电导率为 98.8%IACS，但是 Mg 含量为 0.58%时，合金的电导率仅为 63.5%IACS。

安金敏等人采用“水平连铸+拉拔加工”工艺制备了 Cu-Mg 合金接触线。研究了 Mg 含量对 Cu-Mg 合金电导率的影响（图 3-27）。从图中可知，Cu-Mg 合金接触线电导率随镁含量增加而降低，且在镁含量 1%附近有一个急剧下降区（电导率从 80%骤降到 50%）。随着镁含量的增加，金属晶格被破坏，自由电子的定向移动造成很大的障碍。由于合金化金属晶体小颗粒已与金属母体形成了互容，使电能损耗大为增加。所以，从电导率角度看，对铜镁合金接触线中镁含量应控制在 0.5%以下。

为了提高定向凝固 Cu-Mg 合金的电导率，晶体应具有大的径向尺寸和轴向长

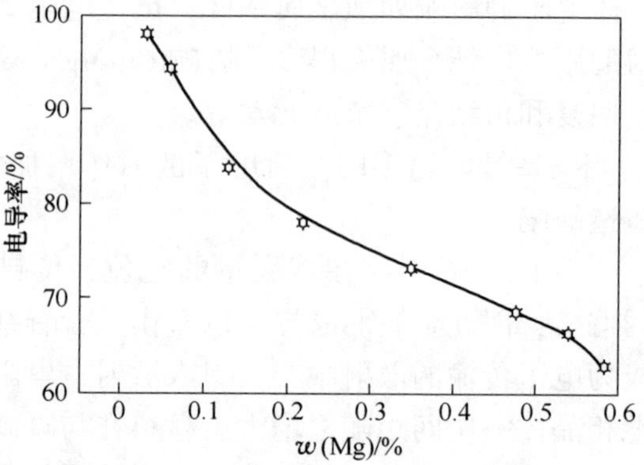

图 3-26 Mg 元素含量对 Cu-Mg 合金接触线电导率的影响

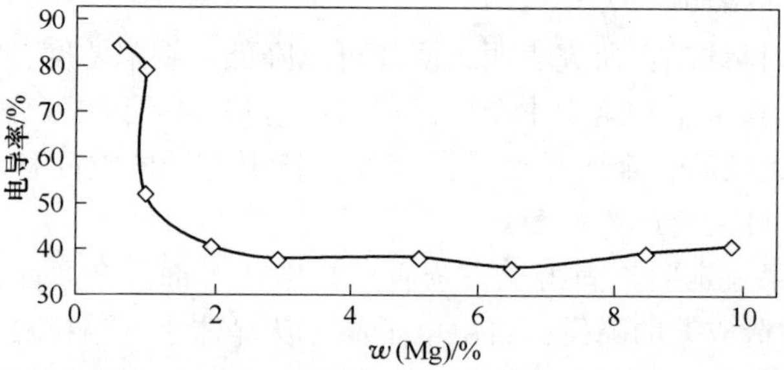

图 3-27 Cu-Mg 合金电导率与成分的关系

度，以减小电荷运动时受到的阻碍。然而从提高材料抗拉强度角度看，晶体径向尺寸过大不易于细晶强化。定向凝固组织形态及特征尺寸对获得良好的电学与力学综合性能的材料至关重要。这主要包括：

（1）一次枝晶间距：增加凝固速度，导电相 α(Cu) 晶体一次间距随之增大，材料在与凝固方向垂直的横截面上晶界或相界密度减小，有利于提高材料电导率以及生产效率，但此时枝晶粗大，材料强度不高；进一步增大凝固速度，一次间距减小，材料强度得到改善，但同时对电导率影响也增大。

（2）轴向长度：对于要求轴向强度和轴向电导率的材料，晶体轴向尺寸的大小是十分重要的微观组织特征参数。晶体轴向尺寸越大，电荷在其中流动时，遇到的晶界、相界的阻碍越少，材料电导率就越大。

相同含量的 Mg 或 Sn 元素的铜合金杆，经过连续挤压扩展变形加工为线径 28mm 的杆材，合金元素对电导率的影响区别如图 3-28 所示，从图中可以看出，随着合金元素含量增加，合金接触线电导率均逐渐下降。当 Mg、Sn 的质量分数为 0.1%时，电导率相差不大，但 Mg、Sn 质量分数为 0.3%时，电导率分别为 76.5%和 79.8%，说明 Mg 对合金电导率影响较大。

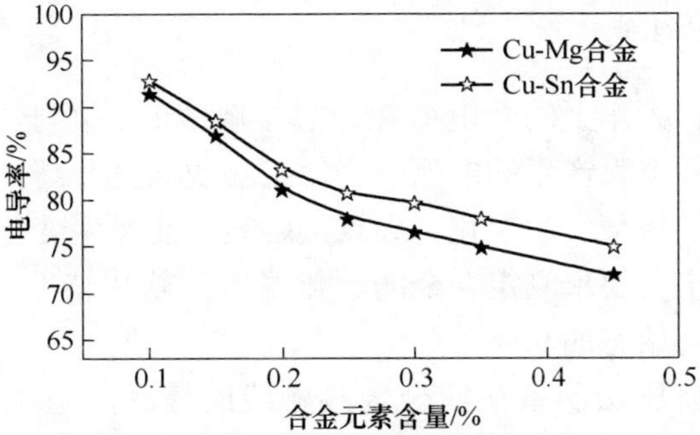

图 3-28 Mg、Sn 含量对挤压铜杆电导率的影响

3.2.3.2 抗拉强度

抗拉强度是指材料的标准试样在拉力试验机上所承受的最大表观应力，其影响因素主要包括合金成分、加工工艺、材料组织及夹杂物形态、分布等。

（1）合金成分：不同的合金成分具有不同的强化效果，一般来说，合金强度随合金元素含量的增加而提高。

（2）加工工艺：不同工艺下得到的合金在组织结构上也会有差别。合金的持久性能与合金内树枝晶的枝晶臂距有关，臂距越小，持久性能越高。由于枝晶臂距取决于合金凝固时的冷却速度，所以，提高冷却速度及凝固界面前沿的温度梯度有助于合金获得更细的树枝晶、更均匀弥散的组织分布，从而枝晶组织致密高温性能更好。

（3）材料组织及夹杂物形态、分布等：微观组织、宏观组织，夹杂物及断口形貌对抗拉强度也有影响。

采用上引连续铸造—连续挤压法制备横截面为 150mm^2 的 Cu-Mg 合金接触线，研究 Mg 含量对合金抗拉强度的影响（图 3-29）。从图中可以看出，在 Mg 元素的质量分数为 0.025%～0.6%时，随着 Mg 元素含量的增加，Cu-Mg 合金接触线的抗拉强度明显升高。当 Mg 含量为 0.025%时，合金的抗拉强度仅为 420MPa，但是 Mg 含量为 0.58%时，合金的抗拉强度上升到 580MPa。

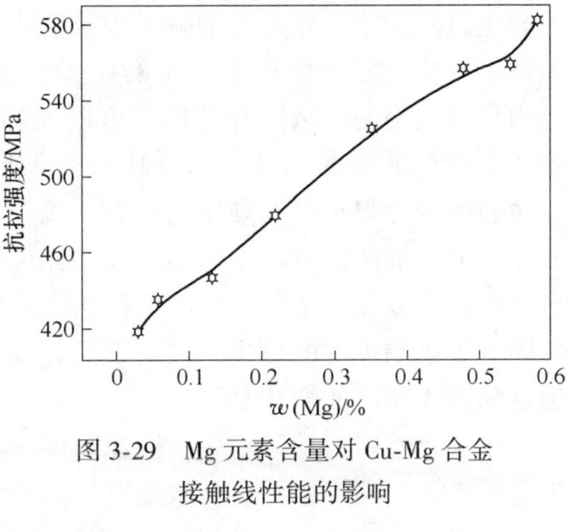

图 3-29 Mg 元素含量对 Cu-Mg 合金接触线性能的影响

3.2.3.3　软化性能

电气化铁路中，列车上的受电弓在通过接触线时，由于电流产生的焦耳热、摩擦产生的摩擦热和电弧产生的电弧热会使接触线温度升高，而经过深度冷变形的金属在受热时组织将会发生变化，导致接触线性能发生变化。因此，铁路有关标准对此作出了规定，要求测定合金的软化温度和软化特性为300℃保温后其常温抗拉强度不小于初始态的90%。

采用上引连续挤压法制备铜镁合金接触线的最后一道工序是进行冷拔。因此，其横向截面和纵向截面的组织不同，铜镁合金横截面上的晶粒细小，呈多边形状；而纵截面的晶粒明显被拉长，晶粒呈长条的纤维状，且取向基本一致。冷拔变形使Cu-Mg合金接触线产生强烈的塑性变形，形成织构，这种组织将会使合金产生形变强化。

为了确定Cu-Mg合金接触线的软化温度，对Cu-Mg合金接触线在300~600℃进行退火处理。得到的Cu-Mg合金接触线在不同退火温度下的横截面的组织如图3-30所示。从图3-30（a）中可以看出，与未退火组织相比，300℃退火2h后组织未发生变化，晶粒仍然较细小。当退火温度升高到350℃退火2h时，其微观组织开始发生变化，晶粒开始长大，即变形Cu-Mg合金接触线开始发生再结晶，如图3-30（b）所示。当温度为390℃退火2h时，大量的再结晶晶粒已经形成，并且有少量晶粒发生合并长大现象，如图3-30（c）所示。继续提高退火温度，晶粒不断长大，并发生吞并现象，出现许多大的不规则的晶粒，这是由于两个或多个晶粒间晶界吞并，形成大的晶粒，但进行还不完全，因此，会出现边界形状奇怪的异型晶粒，并且出现了大量横贯晶粒的长条状的退火孪晶。当退火温度为500℃时，晶粒长大基本完成，如图3-30（d）~图3-30（f）所示。因此，可以确定Cu-Mg合金的再结晶温度范围在350~400℃之间。

软化过程在于位错密度的减少以及位错重新分布成更稳定的组态。塑性变形产生加工硬化，变形中产生大量的位错。Cu-Mg合金经过连续挤压和拉拔变形后，内部有大量的点缺陷和位错，可以大幅度提高合金的硬度。350℃以下加热时主要发生点缺陷的运动，如点缺陷移入晶界、位错等，点缺陷彼此对消或结合，位错的变化很小，而硬度的变化主要与位错有关，故退火时硬度变化很小；在350~400℃加热时发生了位错运动，如位错在缠结处重新排列、位错消失、亚晶合并或长大以及多边化等，这时位错密度发生了很大的变化，位错密度显著减小，随着再结晶过程的发生，硬度因此急剧下降。随着再结晶过程的结束，材料的硬度随退火温度的变化趋缓。

在电气化铁路运输过程中，高速摩擦产生的火花或大电流都会使接触线局部产生瞬时高温，高温必然会导致金属接触线软化。因此接触导线不仅要求在室温

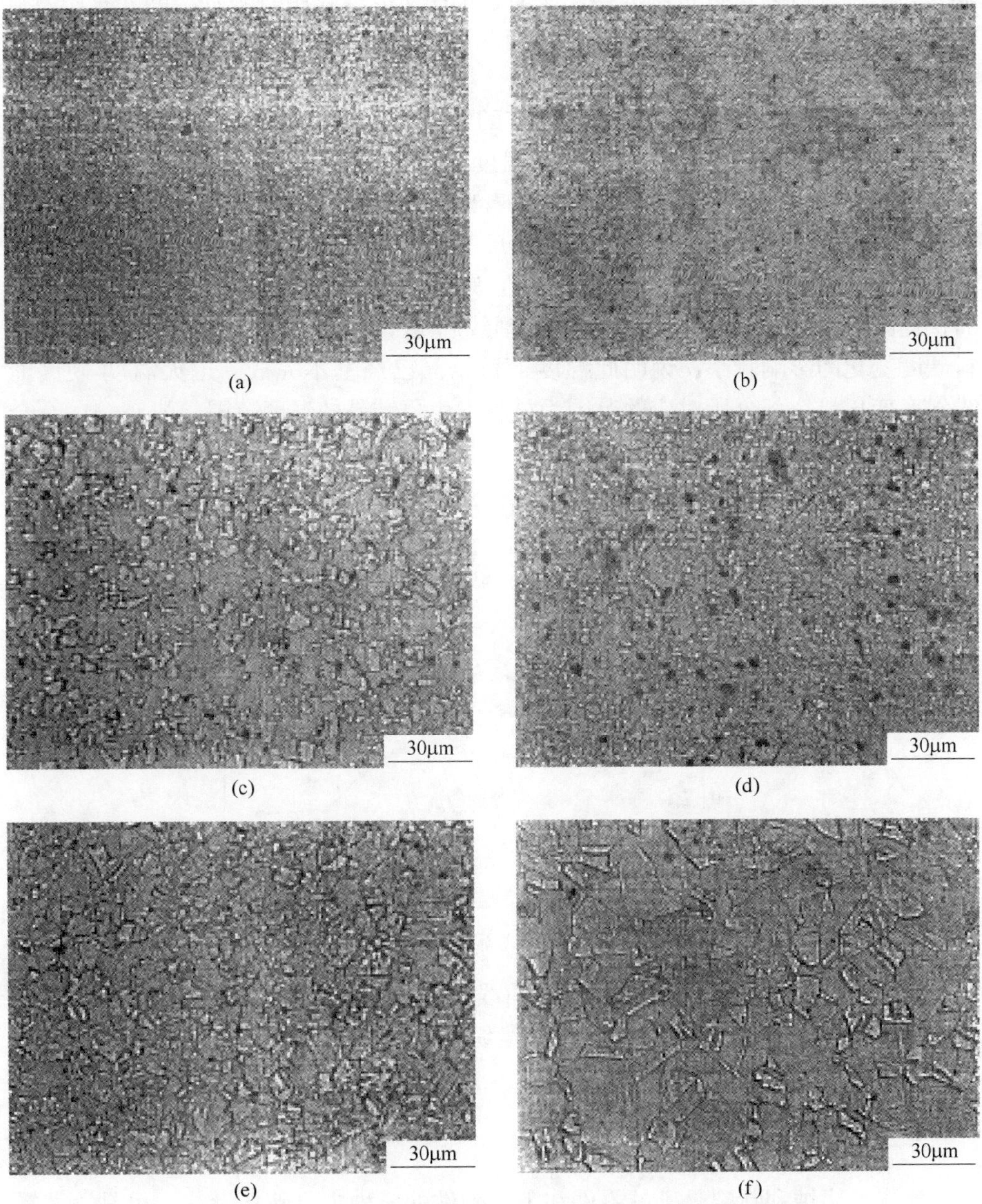

图 3-30 Cu-Mg 合金接触线在不同温度退火的横截面金相组织

（a）300℃，2h；（b）350℃，2h；（c）390℃，2h；（d）400℃，2h；（e）450℃，2h；（f）500℃，2h

下具有较好的性能，而且要求在高温环境下也具有较好的性能，即良好的抗高温软化性能。抗软化是接触线的一个重要指标，如果发生软化会使硬度和强度下降，可能会被拉断，造成事故。硬度是衡量金属材料软硬程度的一项重要的指标，它既可理解为是材料抵抗弹性变形、塑性变形或破坏的能力，也可表述为材料抵抗残余变形和反破坏的能力。

铜镁合金接触线硬度对合金组织变化较为敏感，可以用硬度来判断 Cu-Mg 合金接触线的抗软化性能。按照软化温度的定义，退火 1h 后自然冷却，材料的硬度降为原始硬度的 80%温度称为软化温度。图 3-31 所示为铜镁合金接触线的不同退火温度与硬度的关系，从图中可以看出，硬度分布曲线有两个平台：一个代表软化前的原始硬度，另一个是再结晶后的硬度。Cu-Mg 合金接触线退火温度在 300℃以下，硬度数值几乎没有变化。在 300～450℃之间硬度随退火温度的升高而快速降低。450℃后硬度曲线与温度轴线趋近于平行，这一阶段退火温度对材料硬度变化的影响较小，说明此温度下再结晶已经基本完成。退火温度-硬度曲线斜率变化最快部分所对应的范围为材料发生再结晶的温度范围，即 Cu-Mg 合金再结晶过程发生在 350～450℃之间。

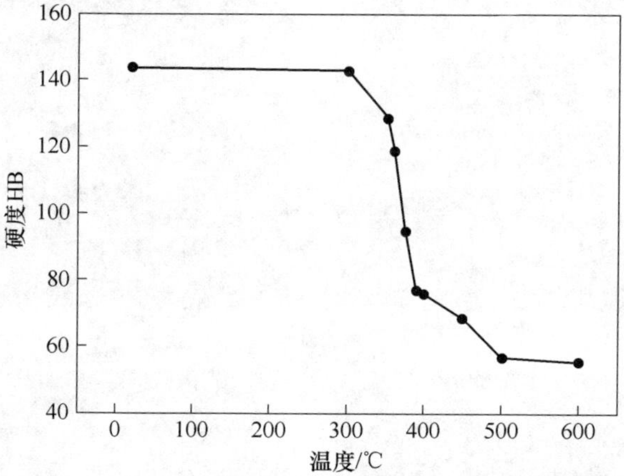

图 3-31　Cu-Mg 合金接触线不同退火温度与硬度的关系

根据 Cu-Mg 合金接触线退火硬度曲线，可以确定 Cu-Mg 合金接触线的软化温度约为 365℃。综上所述，微观金相组织研究与退火温度-硬度曲线测定证明了 Cu-Mg 合金接触线的软化温度基本一致。

3.2.3.4　磨损性能

磨损、腐蚀和断裂是机械零件和工程构件的三种主要破坏形式，也是这些零件和构件失效的三种主要原因。在 Cu-Mg 接触线中，由于磨损和腐蚀进程很慢，一般可以通过定期更换零件或修理来解决，而断裂发生时，往往导致灾难性的设备事故和人身事故，所以断裂破坏更被重视。随着车流密度的增加、列车牵引质量的上升、电力机车功率的提高以及车速的加快，对接触线的性能提出了更高的要求，要求接触线具有高强度、高的导电性和抗高温软化性能，同时在受电弓抬升力的作用下，接触线很容易产生振动，振动的频率越高、振幅越大，导线越易疲劳，寿命也就越短。

3.2.4 铜铬锆合金接触线

铜铬（Cu-Cr）系合金是指以 Cu 为基体，加入 Cr 和其他微量合金元素形成的一系列合金。因其热处理后具有较高的强度和硬度，以及良好的导电导热性及抗腐蚀性，在很多行业得到了广泛应用，其中用量较大的是低 Cr 含量的 Cu-Cr 合金，主要用于集成电路引线框架材料、电气化铁路接触线及电器设备的高温导电耐磨零件。高 Cr 含量的 Cu-Cr 合金长期以来一直没有得到实际应用。直到 1980 年以后，高 Cr 含量的 Cu-Cr 合金的优点逐渐被人们所认识，特别是 1992 年以后，这种新材料被大规模地应用于触头材料。

3.2.4.1 低 Cr 含量的 Cu-Cr 系合金的物理化学基础

A Cu-Cr 二元合金相图和相

Cu-Cr 二元合金系是由金属 Cu 和 Cr 组成的合金系，金属 Cu、Cr 组元的特征参数见表 3-4。对 Cu-Cr 二元相图最初的研究可以追溯到 1906 年，Guillet 第一次研究了 Cu-Cr 二元合金系统，固态 Cr 中不溶解铜，Cu 熔化后可溶解一部分 Cr。最新的相图测定工作是由 Muller 测定的，如图 3-32 所示，其采用超纯 Ar 气和相对较快的加热或冷却速率（60℃/min），以减小坩埚与合金的反应。从图中可知，在 1750℃处有一偏晶线，在偏晶线上，富 Cu 液相中 Cr 的溶解度为 40%，而富 Cr 液相中溶解 Cu 的含量仅 5.5%。当合金中 Cr 含量低于 94.5%时，加热至 1750℃含金已全部熔化；但在 Cr 含量为 40%~94.5%时，存在着液/液两相区，分别为富 Cu 相和富 Cr 相，只有当温度超过双结点线以上时，才能获得单一均匀的高温熔体。

表 3-4 Cu、Cr 组元的特征参数

元素	晶体结构	点阵常数 $/10^{-10}$m	熔点/℃	熔点时蒸气压 /Pa	沸点/℃	热导率 $/W \cdot (m \cdot K)^{-1}$	密度 $/g \cdot cm^{-3}$
Cu	面心立方	3.615	1083	0.05	2596	394	8.96
Cr	体心立方	2.884	1875	1030	2220	67	7.19

低 Cr 含量的富铜端相图如图 3-33 所示。从图 3-32 和图 3-33 中可知，1750℃的水平线是偏晶转变温度线，Cr 质量分数为 94.5%的点为偏晶点，Cr 质量分数为 40%的点为 Cr 在 Cu 中的最大溶解度点。从 94.5%~40%的质量分数点的合金，在 1750℃以上弧度线内的温度时，将分解为 Cr 质量分数为 94.5%和 40%的两种液态，即双液相区。Cr 质量分数为 40%~100%成分之间的合金，在温度降

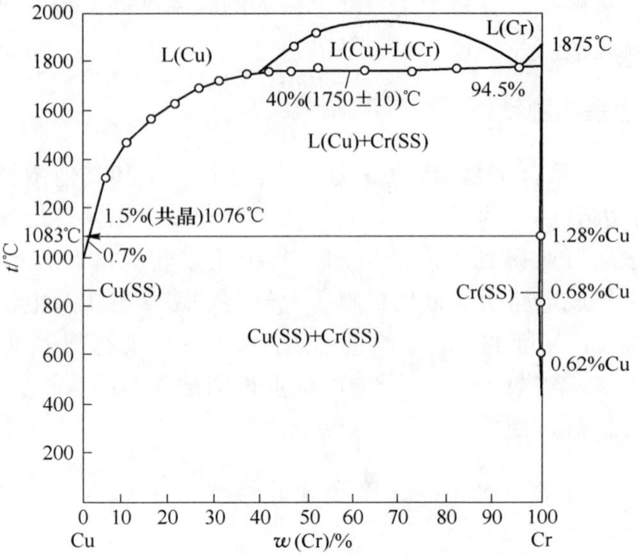

图 3-32　新测定的 Cu-Cr 二元相图
（SS—固溶体）

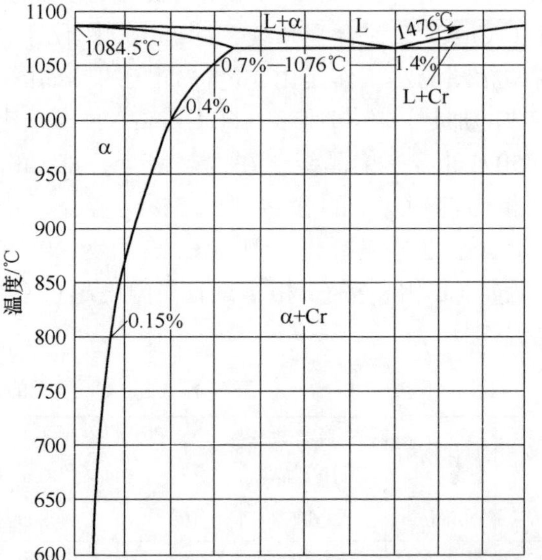

图 3-33　Cu-Cr 二元相图富铜端

到 1750℃时发生 $L_{Cr} \rightarrow L_{Cu} + Cr$ 的偏晶转变，实际上是从富 Cr 液相中大量结晶出初晶单质 Cr，而使富 Cr 的液相变成富 Cu 的液相的过程，整个偏晶转变都是在恒温下进行的。对于 Cr 质量分数为 94.5%的偏晶点成分处的合金，在富 Cr 的液相完全分解成初晶 Cr 和富 Cu 的液相时，偏晶转变结束。由固相 Cr 和富液相混合的合金在温度继续降低时，富 Cu 的液相也开始结晶出固相 Cr，并依附在初晶 Cr 上长大，直至温度降至 1076℃时，剩余液相中的 Cr 质量分数达到 1.4%左右，发生共晶转变，即剩余的液相在恒温下转变为固溶体 α 和 Cr。从 40%~100%成分点的合金，由于大量的固相 Cr 的结晶，在发生共晶转变时，所余的液相数量很少，不能填补先析出相 Cr 的全部空隙，而使得该系列合金由高温缓冷到常温时的组织是由大量 Cr 结晶而成的枝状晶骨架与部分填充在这些骨架空隙中的共晶组织混合的松散组织。

1076℃的水平线是共晶转变温度线，Cr 质量分数为 1.5%的点为共晶点，Cr 质量分数为 0.7%的点为 Cr 在 Cu 中的最大固溶度点。对于 Cr 质量分数从0.7%~100%的合金，当温度从高温降至 1076℃时，都要发生 $L_{Cu}\rightarrow\alpha+Cr$ 的共晶转变。Cr 质量分数为 1.5%的共晶合金，在 1076℃温度以上时，Cr 完全溶解于 Cu 中，形成成分均匀的液相；当温度降至 1076℃时，所有的液相会在 1076℃恒温下发生共晶转变，即从一种液相中同时结晶出共晶固溶体 α 和共晶 Cr 两种固相组织，直至液相完全消失，全部转变为两种固相，共晶转变结束，此时固溶体 α 中的 Cr 质量分数为 0.7%；而后随着温度的继续降低，由于 Cr 在固溶体 α 中固溶度的降低，固相 Cr 会从固溶体 α 中析出；对于 Cr 质量分数为 1.5%的共晶合金，缓冷到室温时的组织是在 Cu 基体上均匀分布的呈针状或点状析出的 Cr 混合物的平均粒度为 2μm。对于 Cr 质量分数从 0.7%~1.5%的合金，由图 3-33 可知，在其发生共晶转变以前，处于单一成分的液相和固溶体 α 的两相区，也即会首先发生从液相中结晶出初晶固溶体 α 的匀晶转变；而当温度降至 1076℃时，液相中 Cr 质量分数达到 1.5%，剩余的液相发生共晶转变成 α 和 Cr；其从高温缓冷至室温的组织为大量的初晶固溶体 α 呈枝状分布，基本是固溶体 α 和 Cr 的共晶组织。对于 Cr 质量分数从 1.5%~40%的合金，由图 3-32 可知，其在发生共晶转变以前，处于单一成分的液相和 Cr 的两相区，也即在降温的过程中会首先发生从液相中结晶出初晶 Cr 的匀晶转变；随着初晶 Cr 的析出，当温度降至 1076℃时，液相中 Cr 质量分数达到共晶点 1.5%，剩余的液相发生共晶转变，即剩余的液相在恒温下全部转变为固溶体 α 相和 Cr 相；该系列合金缓冷至室温时，常温下的组织为大量白色卵圆形的 Cr 初晶呈枝状分布，平均粒度在 30~60μm 之间，基体是固溶体 α 和 Cr 的共晶组织，其组织中容易出现偏析现象，而当 Cr 质量分数达到 20%时，大量的枝晶互相交叉重迭，偏析现象即不明显。

Cu-Cr 相图左边的富 Cu 端（图 3-33，Cr 质量分数小于 0.7%）属于液态时无限互溶，固态时有限溶解，又不形成化合物。在温度降低的过程中，会先发生 $L_{Cu}\rightarrow\alpha$ 的匀晶转变，即从液相中析出初晶 α，随着温度的继续降低，所有液相全部转变为固溶体 α 相。对于 Cr 质量分数在 0.03%(室温时 Cr 在 Cu 中的固溶度)~0.7%之间的合金，在发生 $L_{Cu}\rightarrow\alpha$ 的匀晶转变后，随温度的继续降低，由于 Cr 在 Cu 中的固溶度降低，会从固溶体 α 相中析出 Cr 相。

B 低 Cr 含量的 Cu-Cr 二元合金的凝固特点

由图 3-33 所示的富铜端 Cu-Cr 相图可以看出，低 Cr 含量（<1.2%）的 Cu-Cr 合金就是铬青铜，其从高温单相冷却至液相线时，将发生匀晶转变，从液相中结晶出与液相成分一致的单一的固溶体相。同时由相图可知，在室温下 Cr 在

Cu 中的固溶度极小，从而使得低 Cr 含量的 Cu-Cr 合金在作为高强高导铜合金方面不论在研究还是应用方面都十分广泛，如用于集成电路引线框架材料、电车及电气化铁路接触线以及电气设备的高温导电耐磨零件等要求有高强度、高电导、高耐磨、高热强性的产品。

C 低 Cr 含量的 Cu-Cr 系合金的合金化设计

铜合金的强化方法主要有析出强化法、加工硬化法和细晶强化法等。为获得高强、高导材料通常采用析出强化和加工硬化相结合的强化方法。处理工艺为将合金加热至固溶线以上快速冷却，获得过饱和固溶体。随后对合金进行冷变形，冷变形后的合金再经过时效处理使其析出第二相，从而获得析出强化效果，析出相的种类、数量、分布、大小、形态是决定合金强度的重要因素。电导率的高低主要取决于合金元素的类型、合金元素对电导率的影响及合金元素在室温下的平衡溶解度等因素。因此，此类合金成分设计和热处理的关键即是合理控制析出相的种类、数量、分布、大小、形态，尽量降低合金元素在基体内的残留量。

综上所述，合金元素应满足以下条件：

（1）合金元素固溶于 Cu 中，对 Cu 基体电导率的影响要小；

（2）在高温时，合金元素在 Cu 基体中的溶解度要大；

（3）在室温下，合金元素在 Cu 基体中的平衡溶解度要尽量小；

（4）在析出过程，析出相弥散分布并与基体保持一定的共格关系；

（5）析出相稳定性好，在较高温度不易长大。

在铜合金中，只有合金元素在铜中的固溶度随温度降低而减小的合金才能产生析出强化。按照（1）的要求，合金元素固溶于 Cu 基体中对铜电导率的影响要小。接触线最主要的两个技术性能指标是强度和导电性，在设计合金组元的含量时应重点考虑其对这两方面的影响。不同合金元素对铜合金导电性能的影响如图 3-25 所示。从图中可以看出，铜合金的电导率与合金元素的加入量呈线性关系，加入越多电导率越低。因此，合金元素的加入量应综合考虑其对材料强度和电导率的影响，按合理的比例加入，使其形成第二相强化粒子，在满足电导率的前提下，尽可能提高合金的强度。

设计析出强化型高强高导铜合金成分的主要原则是：

（1）加入适当的强化相形成元素；

（2）采用室温下在铜合金中溶解度低的元素；

（3）选择对铜合金导电率影响较小的元素；

（4）对于时效析出相是化合物的合金应按合理的比例加入合金元素。

由 Cu-Cr 相图可知，对于低 Cr 含量的 Cu-Cr 系合金，Cr 在 Cu 中的最大固溶度可达 0.7%左右，而室温下 Cr 在 Cu 中的固溶度仅有 0.03%左右，同时由图 3-25可知，Cr 对 Cu 的电导率影响较小；另外低 Cr 含量的 Cu-Cr 系合金在时效析出过程中析出相弥散分布，在合适的时效工艺下，析出相与基体 Cu 保持良好的共格关系，且析出相具有好的高温稳定性。其所具有的优良性质，使得低 Cr 含量的 Cu-Cr 系合金在高强度、高导电铜合金中应用广泛。

在对低 Cr 含量的 Cu-Cr 系合金进行合金设计时，为使合金既有时效硬化效果，又不使电导率下降太多，同时考虑烧损问题，一般在设计低 Cr 含量的合金时，根据其性能要求 Cr 含量（质量分数）一般为 0.2%~0.6%，如 Cu-Cr-Ag 合金、Cu-Cr-Zr 合金、Cu-Cr-Si 合金等，以及在这些合金系列的基础上添加微量的 Mg、Ni、稀土等合金元素。其中 Ag 一方面可起到固溶强化的作用，另一方面还对 Cu-Cr 合金的导电和强化有一定的作用。Zr 作为合金元素加入铜合金中，可以使其高温软化性能有大的提高。同时由于其在高低温时在铜中的固溶度差别极大，且在室温时又极小，而具有强烈的时效硬化效果，固溶处理后，Zr 作为强化相溶入固溶体中，经变形再时效后，在饱和固溶体中析出细小、大量的弥散 Cu_3Zr（也有报道为 Cu_5Zr）强化相，使基体具有更多的强化质点；另外微量的 Zr 加入 Cu-Cr 中还具有降低铸件中的含氧量，使铸件中的气孔减少，挤出和拉拔气孔几乎完全消失，从而使合金体系达到高强高导相结合的作用。

D 低 Cr 含量的 Cu-Cr 系合金的热处理特点

作为时效硬化型的低 Cr 含量的 Cu-Cr 系合金，一般要求其具有尽量高的强度和尽量高的导电性能。常采用的热处理手段为固溶处理和时效处理。根据 Cr 含量其固溶温度一般在 920~1000℃之间，时效处理温度一般在 450~480℃之间，根据不同的时效温度，其时效时间一般在 2~4h 之间。对于该种要求具有高强高导性能兼具的合金，在热处理时一般考虑热处理与冷加工相结合。

对低 Cr 含量的 Cu-Cr 系固溶态合金在不同温度下时效，试验结果表明，在 400~480℃温度范围内时效，显微硬度总体呈现先上升达到峰值而后又逐渐下降的趋势，且时效温度越高时达到峰值所需的时效时间越短；另外时效温度越高，达到的峰值也越低。时效时，随着时效时间的延长，基体中固溶的合金元素减少，过饱和度降低，析出第二相的速度逐渐降低，析出的量逐渐减少，在时效初期析出相的弥散分布，并与基体保持着共格关系的状态会随着时效时间的延长而逐渐发生聚集长大，并同时与基体的共格关系丧失，故显微硬度随时效时间的延长而呈先升高后缓慢下降的趋势。另外温度越高，原子扩散能力也越大，第二相析出动力大，析出速度相应也较快，使硬度迅速上升而达到峰值。但时效温度越高，基体过饱和度相对越小，析出驱动力会随之越小，时效过程中析出量也随之越小；同时原子的扩散能力也越大，聚集长大的速度也相应越大，析出相与基体也很快失去共格关系，相应的所达到的峰值就越低。

合金电导率的变化主要与基体中所含固溶元素的多少有关，即与过饱和固溶体的分解有关，而过饱和固溶体分解的快慢主要受溶质原子的扩散速度的控制，按照置换固溶体的原子扩散理论，溶质原子的扩散主要通过空位的运动来实现，也就是说溶质原子偏聚、析出的数量和速度受空位的数量和移动的速度所控制；同时，析出相对合金的电导率也有一定的影响。合金的电导率随着时效时间的延长，在开始阶段增大较快，随后缓慢增大，且时效温度越高在开始阶段增大幅度越大；另外，时效温度越高，相应的合金电导率也越高。合金在时效初期，基体的过饱和度较大，析出动力较大，因此基体的纯净程度较大，电导率也增加较快，且时效温度越高，原子扩散速度也越快，所以电导率增幅随温度升高而增大。随着时效时间的延长，基体中固溶元素不断析出，基体就越来越纯净，对电子的散射作用就越来越小，电导率不断持续上升；但随着时间的增加，基体中固溶元素含量减少，析出速度减慢，电导率上升趋势变缓。

冷变形处理可使晶体内产生大量的空位、位错，这些缺陷可促进时效时析出物的形核，提高溶质原子的扩散速度，从而加快第二相的析出。时效前变形量越大，合金内空位、位错等缺陷就越多，并且造成点阵晶格畸变和内能升高，基体中溶质原子就越不稳定，原子扩散的通道及形核的位置就越多，第二相析出的速度就越快，共格强化效果就越明显，时效初期合金显微硬度的增幅也越大。时效前对固溶态合金施以冷变形，可促进合金时效初期第二相的析出，使电子运动中受到的散射作用大为减少，而使电导率得以大幅度提高。随着时效时间的延长，合金的导电率增加逐渐变缓，并且变形量越大，时效初期电导率的上升幅度越大。由于变形量越大，第二相的析出速度就越大，短时间内析出的量就越多，基体就越纯净，对电子的散射作用就越小，因此电导率就越高，达到相对稳定状态所需的时间就越短。

3.2.4.2　Cu-Cr-Zr 合金的组织和性能

Cu-Cr-Zr 合金经合理形变和热处理后强度能达 550MPa 以上，电导率大大提高，因此在电气化铁路接触线等领域有十分广阔的发展前景。

A　加工工艺对 Cu-Cr-Zr 合金性能的影响

图 3-34 所示为不同加工工艺对 Cu-0.13Cr-0.41Zr 合金抗拉强度的影响，其中固溶处理加热温度皆为 960℃，皆冷拉成直径为 6mm 的铜杆。在 480℃ 的温度下进行不同时间的时效处理，从图中可以看出，试样由“固溶处理+冷变形+时效处理”测得的抗拉强度远高于由“冷变形+固溶处理+时效处理”测得的抗拉强度。

B　时效温度和时间对 Cu-Cr-Zr 合金性能的影响

图 3-35（a）所示为 Cu-0.76Cr-0.13Zr 合金在 950℃ 1h 时效后在不同温度下时效时间和硬度的关系图。合金在 400℃ 和 450℃ 时效条件下，合金硬度随时效时间的增加而增加，时效 6h 后硬度分别达 135HV 和 141HV，且随着时效温度升

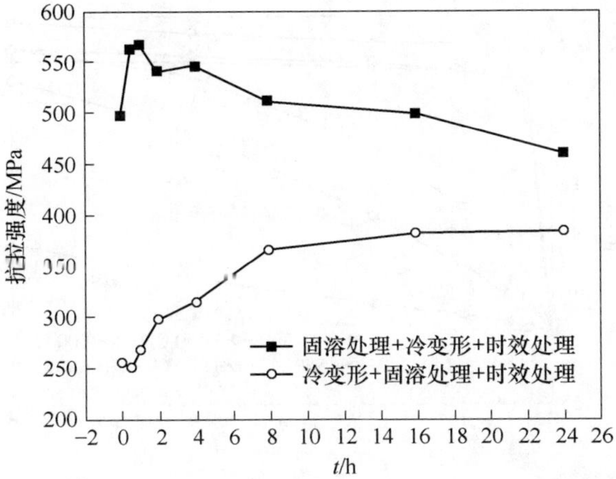

图 3-34 不同加工工艺对 Cu-Cr-Zr 合金抗拉强度的影响

高，原子扩散能力增加，第二相析出动力增大，硬度初期上升幅度也就越大。合金在 500℃、550℃、600℃和 650℃时效时，硬度先增后降，出现峰值。峰值对应的时间随时效温度的提升而减少。在相应温度下达到硬度峰值分别为 140HV、126HV、122HV 和 104HV，而对应的时间分别为 6h、2h、0.5h 和 0.5h。图 3-35（b）所示为 Cu-0.76Cr-0.13Zr 合金在不同温度下时效时间和合金的抗拉强度关系图，由图中可知，最大抗拉强度可达 430MPa。

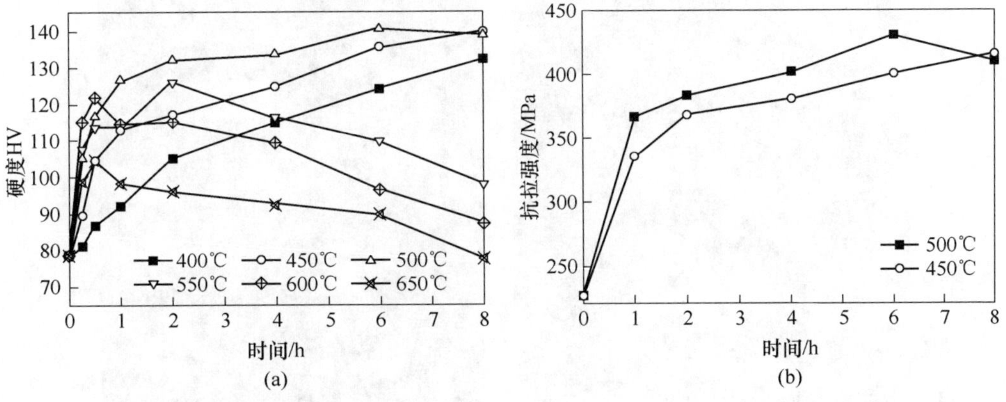

图 3-35 时效温度和时间对 Cu-0.76Cr-0.13Zr 合金显微硬度和强度的影响

图 3-36 所示为 Cu-0.76Cr-0.13Zr 合金不同温度下时效时间和电导率的关系，由图中可以看出，合金在 550℃以下时效时，温度越高，时效后的电导率就越高。在 550℃时效 6h，电导率达最大，为 79.4%，但温度高于 550℃时效时，电导率有所降低。

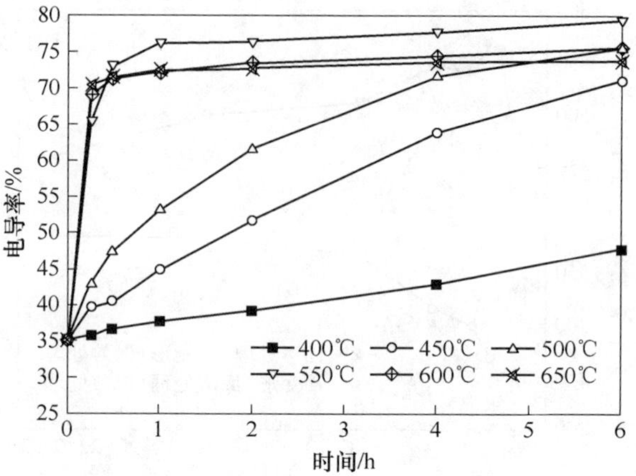

图 3-36　时效时间和温度对 Cu-0. 76Cr-0. 13Zr 合金电导率的关系

图 3-37 所示为 Cu-0. 76Cr-0. 13Zr 合金经透射电镜观察，在 500℃ 时效 30min 的析出相形貌，析出相呈弥散、粒状分布，分布均匀，故合金硬度由固溶后的 79HV 经 500℃ 时效 30min 提高到 117HV。通过对析出相选区电子衍射花样的标定，为 Cu_5Zr。

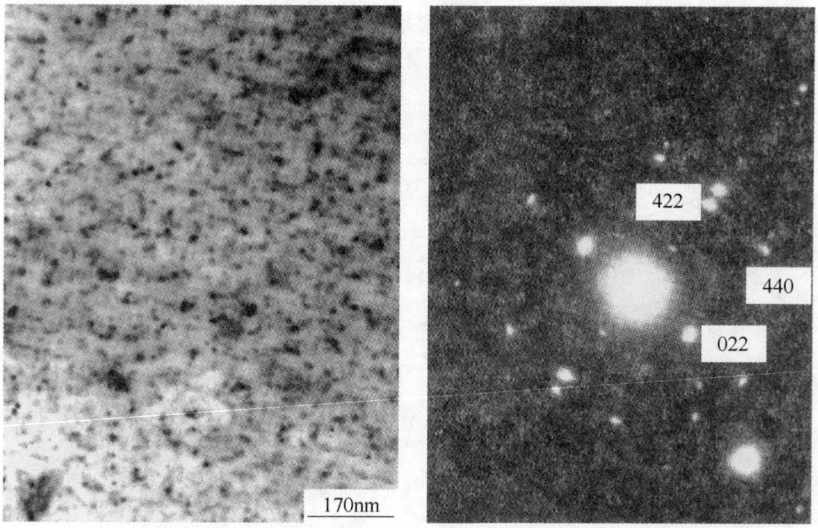

图 3-37　Cu-0. 76Cr-0. 13Zr 合金 500℃ 时效 30min 的析出相形貌图

张翔等人研究了时效时间对 Cu-Cr-Zr 合金力学性能及电导率的影响。合金化学成分见表 3-5。图 3-38 所示为在 480℃ 条件下，不同时效时间对 Cu-Cr-Zr 合金及纯铜抗拉强度和电导率的影响。从图 3-38（a）可以看出，随着时效时间的增加，1 号、2 号及 3 号试样在时效初期抗拉强度迅速提高，这是由于随着时效时间的增加，析出第二相的种类及密度持续增加，所产生的弹性应力场对位错的阻碍作用较大，而析出物又主要是共格切变的硬质微粒，时效初期第二相颗粒较小，位错线以切过机制进行，使合金强化；时效 1h 时，第二相颗粒长大，抗拉强度达到峰值；随着时间的继续增加，抗拉强度又呈现下降趋势，这是由于基体过饱和度降低，析出物微粒聚集粗化、间距增大，同时共格析出的第二相粒子被半共格和非共格粒子取代，位错线以绕过机制进行，强化效果减弱，合金逐渐过时效。从图 3-38 中还可看出，2 号、1 号、3 号、4 号强化效果逐次减弱，表明 Cr、Zr 元素的添加量对合金性能影响较大，析出第二相的数量种类随 Cr、Zr 元素的添加量增加而增加。纯铜的耐高温性能较差，高温处理后强度急剧下降，而 Cu-Cr-Zr 合金由于有析出强化作用，有较高的耐高温性。

表 3-5 Cu-Cr-Zr 的化学成分

序号	w(Cr)/%	w(Zr)/%	w(Cu)/%
1 号	0.13	0.41	其余
2 号	0.34	0.41	其余
3 号	0.26	0.15	其余
4 号	0	0	100

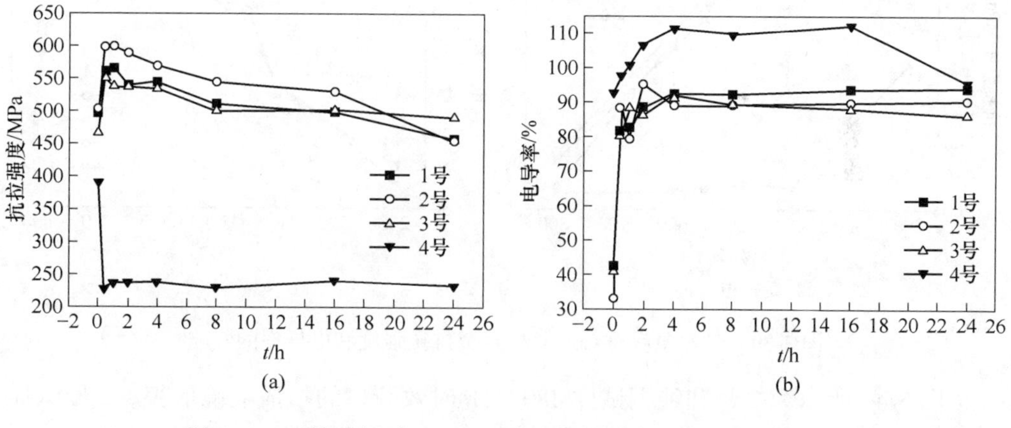

图 3-38 时效时间对 Cu-Cr-Zr 合金抗拉强度和电导率的影响

电导率的变化主要与固溶体中固溶的合金元素多少和空位等缺陷有关。从图 3-38（b）中可以看出，时效初期 Cu-Cr-Zr 合金电导率急剧增加，当时效时间达到 4h 以后，电导率随着时间的增加而平缓增大。这是因为固溶的合金元素和过剩空位等造成基体晶格畸变，使电子迁移受阻而发生散射的几率增大，从而使固溶状态下的电导率较低。实效时由于回复、再结晶的作用，使空位和位错减少，同时由于添加元素以第二相粒子的形式析出，基体固溶度急剧下降，使电导率急剧增加。以上过程趋于完毕后电导率趋于平缓，时效 0.5h 后，电导率即超出 80%，满足高速电气化铁路线的要求。

图 3-39 所示为在 1h 下不同时效温度对 Cu-Cr-Zr 合金抗拉强度和电导率的影响曲线。从图 3-39（a）中可见，起初随着温度的上升，抗拉强度逐渐上升，这是由于当温度较低时，粒子析出不充分，强化效果不明显；当温度上升到 450～480℃时，Cu-Cr-Zr 合金的抗拉强度达到了峰值。随着温度的继续上升，出现过时效的情况，故抗拉强度又随着温度的升高而降低。从图 3-39（b）中可见，在 1h 的时效时间下，Cu-Cr-Zr 合金电导率随着温度的升高明显上升，到 600℃时达到峰值，当温度继续升高时，电导率又呈下降趋势。这是由于时效初期固溶体具有较大的过饱和度和较高的晶体缺陷密度，材料的自由能也较高，所以合金元素的热力学析出倾向大，因为时效温度高，原子的扩散能力较强，脱溶析出动力也大，再加上过饱和空位因扩散和部分消失，促进合金元素的扩散，过饱和的溶质元素以较快的速度析出，晶格畸变程度降低，电导率的增加幅度较大。在 600℃以上温度时效时，析出过程已很不明显，而高温下 Cr、Zr 的固溶度与低温比已明显增大，故电导率逐渐下降。

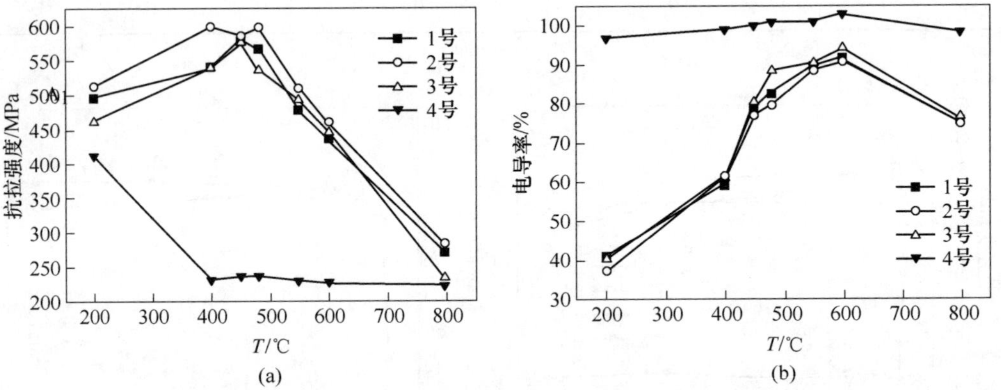

图 3-39　时效温度对 Cu-Cr-Zr 合金抗拉强度和电导率的影响

图 3-40 所示为 2 号和纯铜试样 480℃ 1h 时效断口的扫描电镜形貌。2 号试样韧窝内第二相颗粒清晰可见，经电子探针分析，第二相颗粒为 Cr、$CrZr_2$及 Cu_3Zr 等强化相，析出的第二相使合金强度提高。

C　变形对 Cu-Cr-Zr 合金时效组织和性能的影响

Cu-Cr-Zr 合金多以变形材料使用，析出强化型 Cu-Cr-Zr 合金在时效处理前后要进行一定的冷变形。时效处理后的形变是在复相组织中进行，对合金电导率并不产生大的影响，但可显著提高合金的硬度和强度。时效处理前的形变将引入高

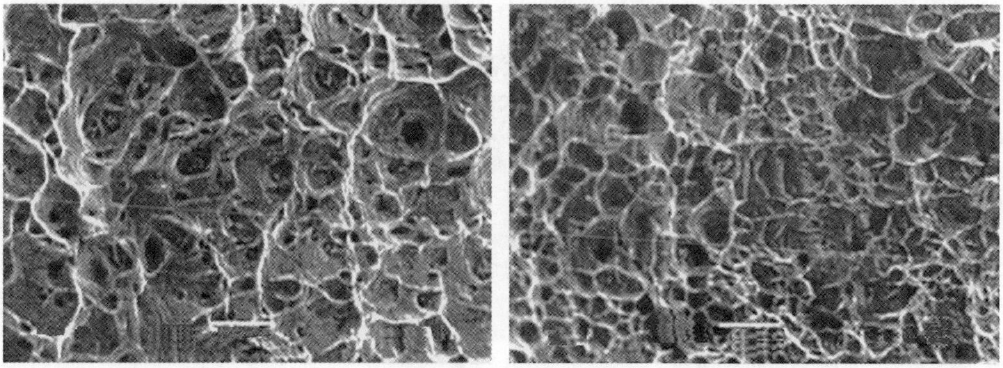

(a)　(b)

图 3-40　2 号和 4 号试样 480℃ 1h 时效断口的扫描电镜形貌

（a）2 号试样；（b）4 号试样

位错密度，可使 Cu-Cr-Zr 合金析出硬化程度及电导率大幅度提高，所以在固溶和时效处理之间或在时效之后，通常进行冷变形以提高合金的综合强度和电导率。

图 3-41 所示为 Cu-0.7Cr-0.13Zr 合金在 950℃ 固溶后，不同冷轧变形量后，时效时间与电导率和硬度的关系（500℃）。随着变形量的增加，在时效初期电导率（见图 3-41（a））和硬度（见图 3-41（b））迅速增加。由图中可见，时效前经 60%冷变形的合金硬度峰值出现在 0.5h 处（达 177HV），比相应时间处未冷变形合金的硬度提高了 61HV。同时，时效 0.5h 时未变形合金的电导率只有 47%，而经 60%冷变形后的合金电导率可达 71%，比前者提高了约 23%。

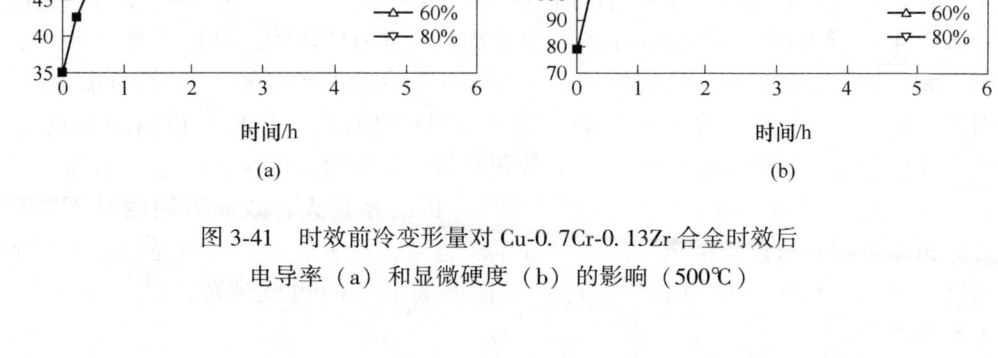

(a)　(b)

图 3-41　时效前冷变形量对 Cu-0.7Cr-0.13Zr 合金时效后

电导率（a）和显微硬度（b）的影响（500℃）

Cu-0. 7Cr-0. 13Zr 合金在不同时效温度下硬度与时效前变形量的关系如图 3-42所示。不同变形量在 450℃时效时，硬度均大于变形后未时效合金的硬度，而 600℃时效显微硬度与未时效的硬度交替上升。450℃时效的硬度一直上升，最大达到 180HV。600℃时效显微硬度远不及 450℃时效的硬度，主要是由于合金开始发生再结晶所致。

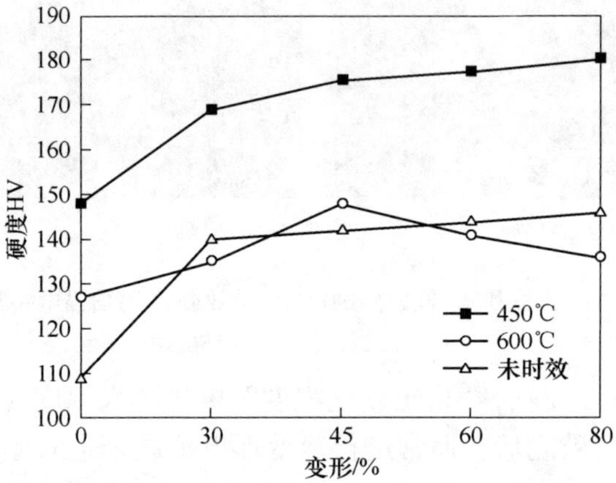

图 3-42　Cu-0. 7Cr-0. 13Zr 合金在不同时效温度下硬度与时效前变形量的关系（2h）

D　Cu-Cr-Zr-Mg 合金时效组织和性能

研究表明，富 Zr 颗粒的粗化速率较小，析出相细小、分布均匀；Zr 可增大 Cr 沉淀析出的形核率，使 Cr 析出相分布更弥散；Zr 的化合物沿晶界析出，可最大限度地减小晶间滑动，大幅度提高 Cu-Cr 合金的抗软化温度及高温力学性能。添加 Mg 元素也可一定程度提高峰值时效硬度，原因是 Mg 对 Cr 沉淀相有一定的细化作用。当温度进一步提高时，随着 Cr 析出相的粗化，其对强度的影响基本消失。在生产实际中，Mg 的另一个主要作用是作为脱氧剂，最大限度地防止活泼元素 Zr 的氧化，起到净化晶界的作用，因此，Cu-Cr-Zr-Mg 合金具有很高的综合性能。

图 3-43 所示为 Cu-0. 3Cr-0. 15Zr-0. 05Mg 合金 920℃时效×*t*h 固溶后在不同温度下，时效时显微硬度、电导率与时效时间的关系曲线。由图 3-43（a）可见，合金在 450℃时效时，硬度随时间不断增加。从 470℃开始，硬度先增后减，且时效温度越高，达到峰值所需时间也越短，而后合金的硬度随着时效时间的延长而缓慢降低。这是由于在时效初期，基体过饱和度较大，析出相析出动力较大，析出速度相应也较快，使硬度迅速上升到峰值；随着时效时间的延长，合金进入过时效阶段，与基体的共格关系遭到破坏，析出相长大，故显微硬度呈下降趋势。析出过程是通过扩散进行的，时效温度越高，原子扩散能力就越强，扩散的速度就越快，析出速度也越快，达到峰值所需的时间也就越短。合金在 450～

500℃范围内时效时，可获得较高的显微硬度，如在450℃、470℃和500℃时效，其最大硬度分别达到115HV、109HV和107HV，对应的时效时间分别为8h、4h和3h。

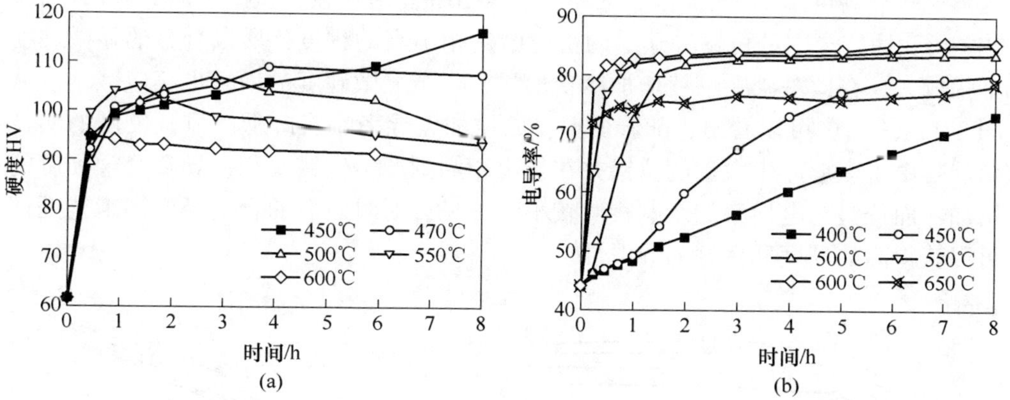

图3-43 时效温度和时间对Cu-0.3Cr-0.15Zr-0.05Mg合金显微硬度（a）和电导率（b）的影响

影响铜合金导电性的主要因素是固溶元素对电子的散射作用，基体中固溶元素含量越多，对电子的散射作用就越强，电导率就越低。根据以上分析，由于时效初期第二相析出速度较快，所以电导率也遵循与硬度相同的规律，即温度越高，电导率增幅越大。按固溶体复相导电理论，时效态合金的电导率主要受固溶体基体的固溶度控制，随时效时间延长，析出相不断析出，固溶体中溶质Cr逐渐贫乏并接近纯铜基体，合金的导电性能保持在一个较高水平。从图3-43（b）中可以看到，在600℃时效8h，电导率达85.4%。

通过以上分析可知，Cu-0.3Cr-0.15Zr-0.05Mg固溶态合金在450~500℃时效可以获得较高的硬度，而在470~600℃时效可获得较高的电导率。为了得到该合金的综合性能，最佳时效工艺条件可取470℃时效4h，硬度和电导率分别为109HV和79%；500℃时效2~4h，硬度为103~106HV，电导率达83%。

对于Cu-0.3Cr-0.15Zr-0.05Mg固溶合金来说，由于所加合金元素总量较少，时效过程中第二相析出的量相对较少，单一时效强化效果较低。通常要与其他强化方式配合使用，如采用固溶+冷变形+时效，或者固溶+时效+冷变形。性能要求侧重于电导率时采用前者，侧重于强度时则采用后者。冷变形时效强化是目前开发高强度高导电铜合金普遍采用的方法。变形量的大小对时效处理后合金的组织和性能都有一定的影响。

a 时效后冷变形对合金硬度和电导率的影响

图3-44所示为Cu-0.3Cr-0.15Zr-0.05Mg合金在450℃时效不同时间后不同变

形量对合金显微硬度和电导率的影响曲线。从图中可以看出，在不同的时效时间下，不同变形量对合金显微硬度和电导率的影响规律是一致的。由图 3-44（a）可知，随着变形量的增加，硬度有明显的提高，以时效 4h 为例，20%变形与不变形比较，硬度增加了 51HV，80%变形与 20%变形比较，硬度增加 21HV，由于 20%形变后合金内的位错等缺陷的密度已达相当高的程度，所以合金的显微硬度增幅较大，在此基础上继续增加冷变形量，合金显微硬度的增幅也相应减小。从图 3-44（b）中可以看出，随着变形量的增加电导率略有降低。显微硬度的明显增加是由于变形产生大量的位错并在析出相周围产生位错塞积，导致合金硬度的增加，而位错对电导率的影响相对较小，可见，对时效后的合金经变形工艺处理可以获得高的硬度和良好的导电性。

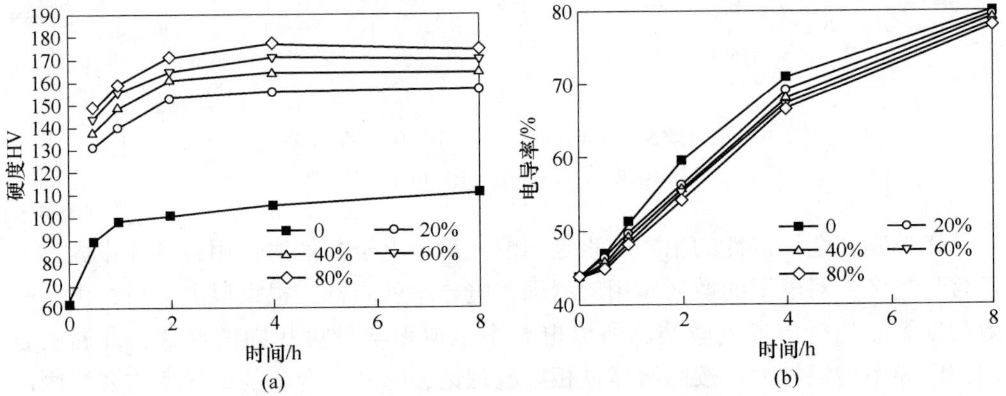

图 3-44　合金 450℃不同时间时效后变形量对显微硬度和电导率的影响

b　时效前后冷变形对合金硬度和电导率的影响

在 Cu-0. 3Cr-0. 15Zr-0. 05Mg 合金时效前施以 30%～80%的形变量，在随后的 500℃时效过程中对第二相的析出速度影响很大，其关系曲线如图 3-45 所示。从图中可以看出，在时效初期，由于冷变形使合金内部位错、空位等缺陷增多，溶质原子扩散的通道及析出物形核的部位增多，加速了第二相的析出，使合金的电导率快速上升，合金经 60%形变 500℃时效 15min 后电导率可达 77%，如图 3-45（a）所示。而合金固溶后相同条件下时效电导率仅为 47%；并且时效前的冷变形量越大，合金内部产生的空位、位错等缺陷就越多，第二相形核的核心越多，析出速度就越快，电导率相应也越高，如固溶合金经 80%形变 500℃时效 15min 电导率就可达 78%，而 30%形变的电导率仅为 74%。随时效时间的延长，合金的过饱和度减小，析出量减少，电导率的增加也逐渐趋于平缓，所以，在固溶合金时效前加以冷变形可加速合金时效初期的第二相析出，显著提高合金的电导率；且变形量愈大，合金电导率的增幅就愈大。时效初期，由于第二相大量析出，导致合金的硬度也大幅度提高，如图 3-45（b）所示，合金 60%变形后 500℃时效时，由于合金内仍可保留较高的位错，且析出相弥散分布，所以时效后可以获得较高的显微硬度，如时效 1h 后硬度可达 156HV，而固溶合金相同条件下直接时效硬度仅为 104HV。随着时间的延长，第二相聚集长大的倾向增加，故显微硬度先后达到峰值后呈下降趋势；但变形量过大时，析出相长大的趋势更加明显，合金硬度的降低较快。如 80%变形时效后的硬度小于相应 60%变形的硬度。

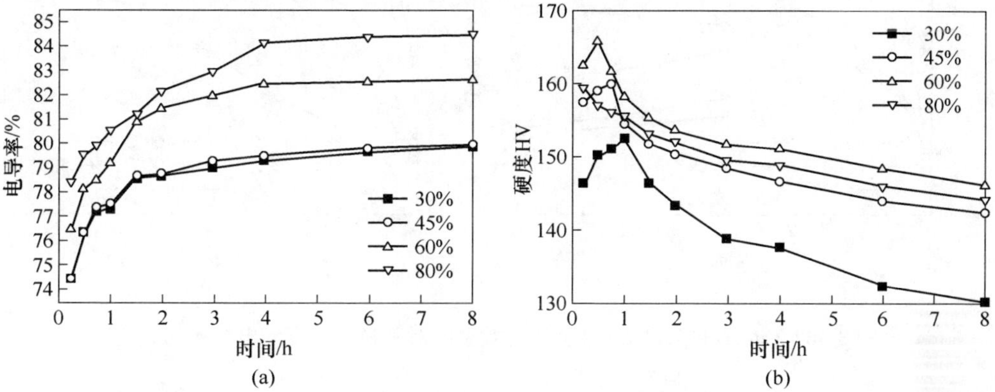

图 3-45 时效前冷变形量对 Cu-0. 3Cr-0. 15Zr-0. 05Mg 合金时效后电导率（a）和显微硬度（b）的影响（500℃）

E Cu-Cr-Zr-Zn 合金时效组织和性能

Cu-0. 36Cr-0. 23Sn-0. 15Zn 合金最早是由日本开发出的一种时效强化型高强高导电气化铁路接触线材料。由于其具有优良的耐软化性、冲压成型性、电镀性、接合性、钎焊性及其他性能而得到了广泛应用。

Cu-Cr-Sn-Zn 合金在不同温度下时效处理后，时效温度和时间与显微硬度和电导率的关系曲线如图 3-46 所示。由图 3-46（a）可见，合金在 450~600℃的温度范围内时效时，由于在时效初期基体过饱和度较大，所以第二相析出速度较快，合金的显微硬度以较大的幅度上升。随着时效时间的延长，基体中固溶的合金元素含量减少，过饱和度降低，析出第二相的量逐渐减少，并且伴随有聚集长大的倾向，故显微硬度随时间延长而呈下降趋势。当时效温度较高时，析出相长大倾向较大，故达到硬度峰值所需的时间就较短，并且达到的峰值硬度较低。合金在较低的温度 450℃时效时，第二相析出量虽少，但析出相较稳定，且弥散分布，所以可获得较高的硬度，时效 3h 可达 122HV。

Cu-Cr-Sn-Zn 合金在 400~550℃的温度范围内时效时，由于合金时效初期过饱和度较大，所以第二相的析出速度较快，合金电导率的增幅较大；而后随着时效时间的延长，合金电导率增幅逐渐趋缓，如图 3-46（b）所示。从图中还可以看出，合金在 400～550℃的温度范围内时效时，合金的电导率随着温度的增加而增加，550℃时效后可获得较高的电导率，如时效 3h 后可达 76.41%；而在 600℃时效时，由于合金过饱和度较小的原因，时效后的电导率反而不如 550℃时效的电导率，时效 3h 后为 73%。

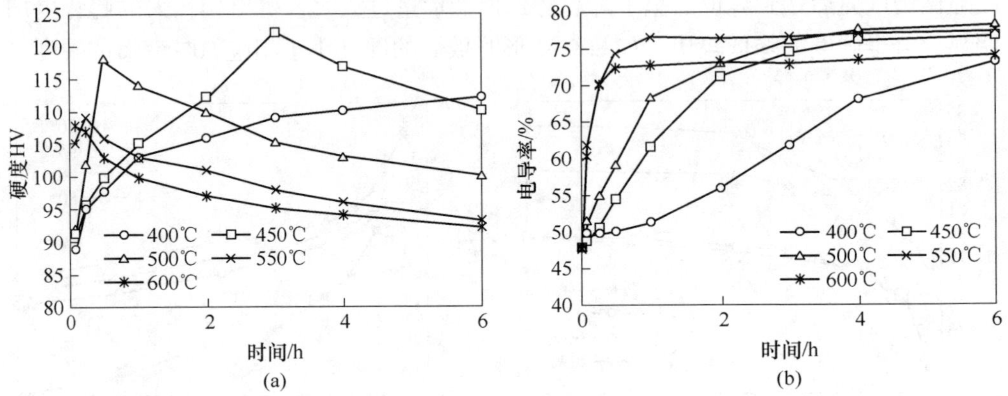

图 3-46　Cu-Cr-Sn-Zn 固溶合金的时效温度对其显微硬度和电导率的影响

冷变形处理可使晶体内产生大量的空位、位错等缺陷，这些缺陷可促进时效时析出物的形核，提高溶质原子的扩散速度，从而加快第二相的析出。图 3-47 所示为合金经不同冷变形后在 450℃时效时变形量与电导率和硬度的关系曲线。从图 3-47（a）中可以看出，时效初期，由于冷变形促进了第二相沿位错的析出，使电导率快速上升，经 20%形变后 450℃时效 30min 电导率可达 70.3%。而固溶后的电导率仅为 54.3%；并且时效前冷变形量越大，电导率越高。随着时效时间的延长，合金的过饱和度减小，析出量减少，电导率的增加也逐渐趋于平缓。时效初期，合金的显微硬度大幅提高，如图 3-47（b）所示。合金 60%变形后 450℃

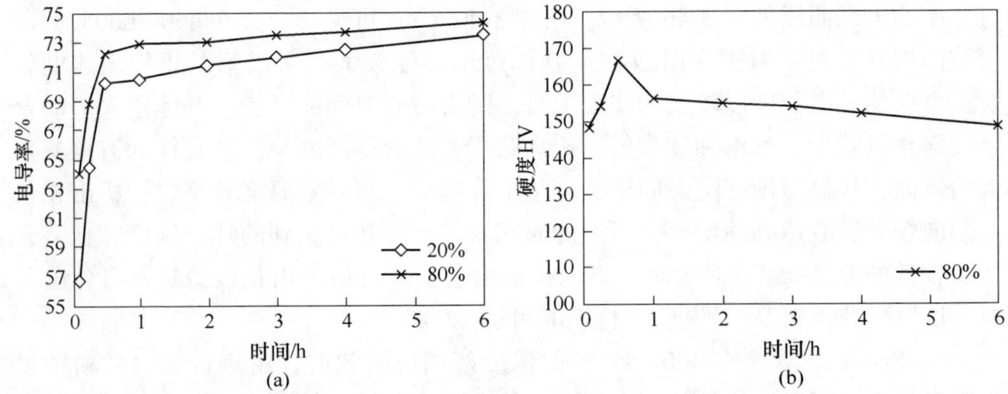

图 3-47　时效前变形量对合金 450℃时效后电导率和硬度的影响

时效 1h 硬度可达 171.3HV，比固溶后直接时效的硬度提高将近 70HV。随着时间的延长，第二相有聚集长大的倾向，故硬度达到峰值后出现缓慢下降的趋势；但变形量过大时，析出相长大的趋势更加明显，硬度的降低趋势更大。

3.3 其他接触线

3.3.1 铝包钢接触线

铝包钢接触线是一种由钢和铝两种材料组成的复合线材，由于引入了钢材，所以强度很高，可以实现大跨度架设，能承受高原地区冰霜堆积的压力，并且有较好的防腐蚀能力。我国早期的电气化铁路主要采用这种接触线，但是由于其导电性差，对于电气化铁路的长距离输电会造成很大的电损耗，因此新架设和改造的电气化铁路都不采用这类接触线，铝包钢接触线正逐渐被淘汰。

第二次世界大战以后，世界各国开始采用钢-铝接触线，较早进行这方面研究工作的有苏联、波兰、德国、法国、意大利等国，而法国是最早将钢-铝接触线应用在城市交通运输的国家。早在 20 世纪 40 年代末，利用铝导电性好和钢耐磨的特点，法国就研制过钢-铝接触线。1949～1950 年，波兰电气化铁路迅猛发展，1951 年波兰开始研制钢-铝接触线并多次进行改进，GLCA100/215 型钢-铝接触线的断面如图 3-48 所示，上部铝的作用是传导电流，下部钢的作用是增加强度、增加接触线与受电弓滑动摩擦的耐磨性。

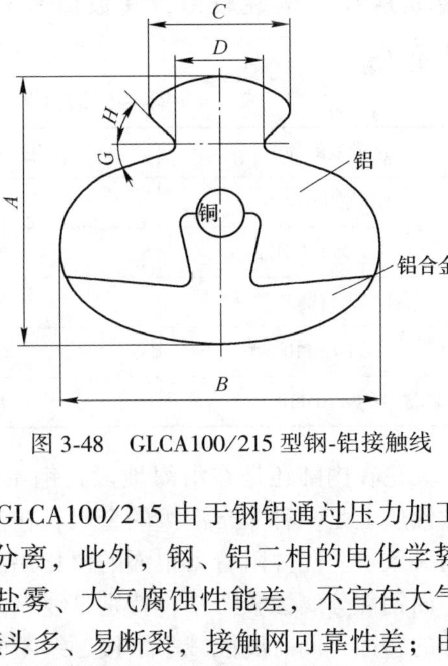

图 3-48 GLCA100/215 型钢-铝接触线

仿波兰上下复合结构的钢-铝接触线 GLCA100/215 由于钢铝通过压力加工机械包覆结合在一起，结合强度低难免会分离，此外，钢、铝二相的电化学势不同，存在电化学腐蚀，钢-铝接触导线抗盐雾、大气腐蚀性能差，不宜在大气腐蚀严重、多雾潮湿的沿海地区使用，且接头多、易断裂，接触网可靠性差；由于铝的导电率低，为保证较大的载流量，需增大导线的截面积，从而使导线对风、冰、雪的负载增大，目前逐渐被内包式钢-铝接触线（CGLN250 型）取代，如图 3-49 所示。继中国之后日本也研制和试用了 TA-196 铝包钢接触线。

内包式钢-铝接触线的结构是钢呈倒梯形被包覆于铝层中间，避免了钢与空气的接触，既提高了接触线的耐腐蚀性，又利用了钢的高强度。经一定磨耗后，电力机车受电弓同时与钢、铝摩擦，发挥了钢耐磨性好和铝导电性好的优势。因此，该产品独特的结构利用了钢、铝的各自优点，又弥补了各自的不足，即兼具了钢的高耐磨性、高抗张强度和铝优良的导电性，特别是将梯形钢包覆于铝中，解决了钢铝易脱开的问题，同时提高了接触线的耐腐蚀性，是一种较理想的电力牵引接触线产品。

钢-铝接触线的抗拉强度和电导率见表3-6。从表中可以看出，钢-铝接触线的强度比一般其他材质接触线的强度都高，以GLCA100/215型钢-铝接触线为例，其综合拉断力在45kN以上（110mm^{2}纯铜接触线约为40kN），然而钢-铝接触线导电性较差，其数值只有45%左右。

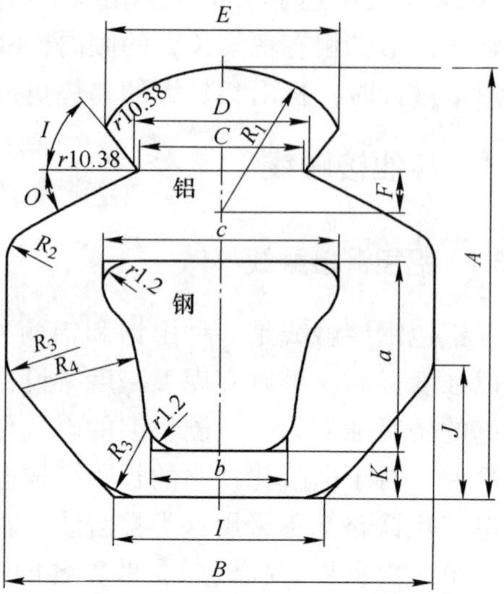

图3-49　内包式钢-铝接触线

表3-6　钢-铝、铜包钢复合接触线的主要技术指标

接触线的种类	最小抗拉强度/MPa	最小相对电导率/%
GLCA100/215	182	43.6
CGLN-250（钢铝）	216	46.3
TA196（钢铝）	350	46.5
GT-CS110	655	60.2
GT-CSD110	493	81.1

无论在内陆还是在沿海地段，钢-铝接触线的铝部分腐蚀并不严重。纯铝在化学性质上是一种非常活泼的金属，在空气中很容易氧化，铝表面会形成一层极薄而又致密坚固并附着力很强的氧化铝薄膜，此钝化作用可保护金属内部不被腐蚀。而钢部分腐蚀较严重，特别是线夹部分，由于腐蚀加大了接触电阻，加速钢部分的腐蚀，同时腐蚀减小了接触线断面积并引起应力集中，从而削弱了接触的强度，使接触线的寿命降低。

钢-铝接触线的主要优点在于拉断力大、抗事故能力强，其缺点是耐腐蚀性比铜和铜合金差，而且钢与铝易产生脱开，特别是钢外露式的钢-铝接触线。

3.3.2　铜包钢接触线

铜包钢接触线是利用包覆技术，在钢线外包覆铜制备成的一种高强度、高导电性、耐软化、耐磨损的异型线材。相对铝包钢接触线而言，铜包钢强度和电导率都高。但是在小截面时优势不明显，而大截面接触线线密度大，使加大悬挂张力以提高波动传播速度的效果受到了限制。且铜包钢接触线的加工较为困难，成形工艺较为复杂，对技术要求很高，成本很高，其大范围应用的条件还不够成熟，目前仅日本在其铁路线上应用此类接触线。

GT-CS110 和 GT-CSD110 铜包钢接触线是由日本采用浸涂法研究开发的，其结构如图 3-50 所示，在时速为 300km 的高速接触网中使用，早已进入运行阶段，且达到了预期效果。这两种线可通过调整铜、钢面积之比，以获得不同的强度和电导率供工程设计选择和试用。前者的抗拉强度和电导率分别为 655MPa 和 60.2%，后者则分别为 493MPa 和 81.1%，见表 3-6，该产品具有优异的综合力学性能。抗拉强度高，耐热、耐磨性能好，其寿命较铜接触线有了较大的提高。

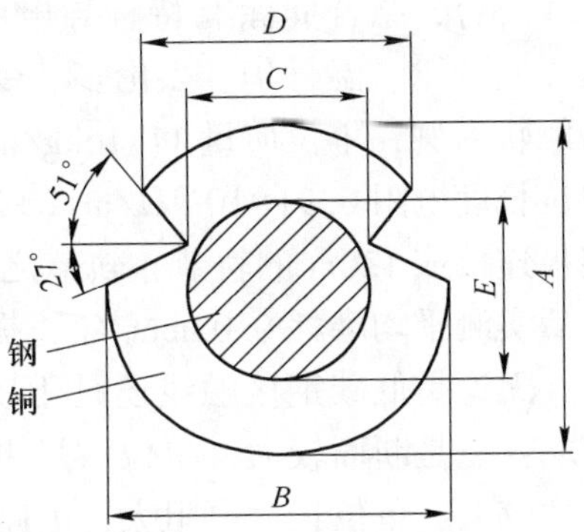

图 3-50　GT-CT100 铜包钢接触线

铜包钢接触线钢芯主要起提高抗拉强度、疲劳强度和限制线胀系数的作用，而铜主要起导电及接触摩擦的作用。通过在现场对腐蚀、磨耗及钢芯是否脱落等性能进行试验，结果表明铜包钢接触线在耐腐蚀上无问题，钢芯线磨耗到直径的 1/3 时也无脱落危险。但如再增加钢芯尺寸，一是加工困难，且增加了接触线弹性，施工不便；二是由于钢和铜的延展率不同，截面比匹配不当会妨碍铜与钢结合，钢芯有脱落危险。

1987 年以来，国内东北大学、哈尔滨电缆厂、大连铁道学院采用浸涂上引法生产了铜包钢线材，但线材的性能未见报道。该工艺复杂、设备庞大、技术难度大、生产效率低，且电导率较低（仅为 60%），在我国尚未工业化生产。

3.3.3　刚性接触线

早期刚性接触线依其材质分为低碳钢和不锈钢-铝合金复合材料两种类型，主要用于城市地铁等行业。

3.3.3.1　低碳钢接触线

北京地铁的上接触式接触线使用我国自行生产的 JU-52 型低碳钢接触线（钢号为 0.5Al），单位重量 51.36kg/m，单位长度电阻为 $1.91\times10^{-5}\Omega/m$（+15℃），标准制造线长 12.5m 的接触线在隧道外焊接成 50~70m 长度的线，线之间做成轨缝式膨胀接头，构造简单，维护简便，运行 30 年来，上表面仅磨耗 3~5mm，约占接触轨截面的6%，运行良好。

3.3.3.2　不锈钢-铝合金复合接触线

由于750V接触线供电距离短，20世纪70年代之后，一些城市开始用钢-铝复合接触线取代低碳钢接触线，复合接触线用2mm厚的高硬度不锈钢带与铝合金线压合，结合面涂有特种导电脂。采用这种复合接触线的有巴塞罗那、旧金山、底特律、温哥华、多伦多、曼谷、哥本哈根等城市。以载流量3500A的复合接触轨为例，单位质量11.16kg/m；铝截面积3485mm^2，不锈钢截面积220mm^2；单位长度电阻0.91×10^{-5}Ω/m（+20℃）；标准轨长可为9m或10m，通过专用鱼尾板连接成120m的轨节，轨节之间用专用膨胀接头连接。在温哥华地铁运行5年后实测平均磨耗0.04mm/年，据此测算预期寿命可达40~50年。

无论是低碳钢接触线还是不锈钢-铝合金复合接触轨，在运营中都存在以下弊端：一是断面较大，单位重量也较大，架线铺设施工难度大。二是接触轨的电导率较低，单位长度电阻大，电路损耗大。三是现有结构不合理，取电滑块与接触轨（或接触线）表面的接触不均匀，易造成取电放弧，碳基或铜基取电滑块易磨损，更换频率高，滑块使用寿命短。目前电气化铁路都不再使用低碳钢接触轨和不锈钢-铝合金复合接触线。

3.3.3.3　新型刚性接触线

针对以上所述传统刚性接触线的特点，新型刚性接触线应在保证具有原有接触线的基本特点（如载流量大、耐腐蚀、耐磨）外，还应实现电导率高、质轻、对取电滑块摩擦磨损少、寿命长等优点。

孙洪波等研究了一种铜-铝复合接触线，以含银0.1%的银铜合金与6063铝合金复合制备接触线，既可保证复合接触线有好的载流量，又可避免架线装配后与铝质汇流排、铝夹等的电化学腐蚀。制备工艺分为两部分：复合前银铜坯料及6063铝合金坯料的制备以及铜铝复合拉伸工艺。接触线银铜部分的变形量约为66%，截面面积为160mm^2，通过调整铜、铝所占比例，接触线线密度控制在(1.0±0.1)kg/m。与常规接触线相比，线密度仅为常规接触线的10%~20%，具有节省铜料、质轻的优势，降低了成本，同时大大降低了架线的难度。铜-铝复合接触线截面示意图如图3-51所示。铜-铝复合接触线性能指标见表3-7。

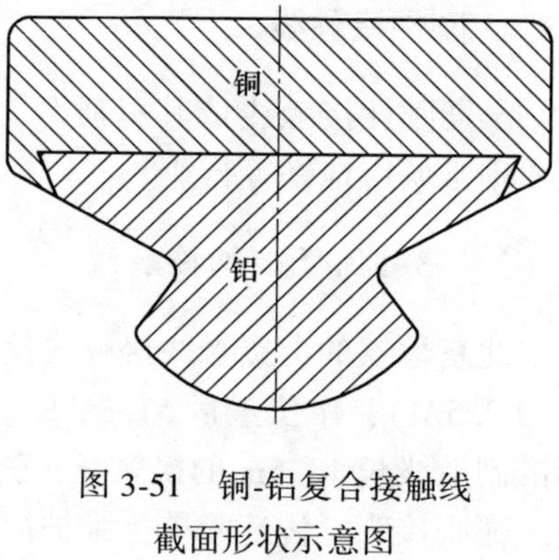

图3-51　铜-铝复合接触线截面形状示意图

表 3-7　铜-铝复合接触线性能指标

检 测 项 目	Q/YWT01—2007 标准	结果
拉断力/kN	≥40	47
延伸率/%	≥4	6
结合力（结合面长度 100mm）/N · mm^{-1}	≥4	60
综合电导率/%	≥75	79
表面硬度 HB	≥100	105

参 考 文 献

[1] 贾淑果，刘平，赵冬梅，等. 高速电气化列车用铜合金接线的研究进展 [J]. 材料导报，2004（6）：32-35.

[2] 黄崇祺. 我国电力牵引用接触线的发展与展望 [J]. 电线电缆，2003（2）：3-8.

[3] 行如意，苏娟华，康布熙，等. Cu-0. 3Cr-0. 15Zr 合金时效时的析出相 [J]. 河南科技大学学报：自然科学版，2004，25（2）：1-4.

[4] 贾淑果，刘平，康布熙，等. 微量 Ge 对 Cu-Ag 接触线性能的影响 [J]. 功能材料，2004，35（4）：448.

[5] 马行驰，黄金亮，贾淑果，等. 时效工艺对 Cu-Ag-Zr 合金电磨损性能的影响 [J]. 河南科技大学学报：自然科学版，2005，26（3）：7-10.

[6] 张强，宋卫星. 我国铜及铜合金接触线与承力索的研究和创新 [J]. 现代城市轨道交通，2004（2）：18-21.

[7] 贾淑果，刘平，郑茂盛，等. 高强高导 Cu-Ag-Zr 合金的强化机制 [J]. 中国有色金属学报，2004，14（7）：1144-1148.

[8] 赵大军，唐丽，管桂生. 我国电气化铁道用接触线的现状和发展趋势 [J]. 铁道机车车辆，2008，28（5）：74-77.

[9] 刘强，张翔，崔建忠，等. 无氧铜接触线加工工艺及产品性能研究 [J]. 特种铸造及有色合金，2005，25（5）：302-304.

[10] He D H，Manory Sinlds H. A sliding wear tester for overhead wires and cmrent collectors in fight rail systems [J]. Wear，2000，239（1）：10-20.

[11] He D H，Manory R Grady N. Wear of railway contag wires against current collector materials [J]. Wear，1998，215（1-2）：146-155.

[12] 黄崇祺. 轮轨高速电气化铁路接触网用接触线的生产现状及发展趋势 [J]. 电线电缆，1999（6）：2-7.

[13] 赵大军，唐丽，管桂生. 我国电气化铁道用接触线的现状和发展趋势 [J]. 铁道机车车辆，2008，28（5）：74-77.

[14] 刘强，张翔，崔建忠，等. 无氧铜接触线加工工艺及产品性能研究 [J]. 特种铸造及有色合金，2005，25（5）：302-304.

[15] 重有色金属材料加工手册编写组. 重有色金属材料加工手册 [M]. 北京：冶金工业出版

社，1980.
[16] 袁杰，管桂生，孙凯. 银含量对铜银合金接触线坯抗拉强度和导电性能的影响 [J]. 云南冶金，2016，45（4）：62-65.
[17] 刘喜波，董企铭，刘平，等. 接触线用 Cu-Ag-Cr 合金的抗软化性和再结晶研究 [J]. 铸造技术，2004，25（9）：713-715.
[18] 电气化铁道用铜及铜合金接触线 TB/T 2809—2005，中华人民共和国铁道行业标准 [S]. 北京：中国铁道出版社，2005.
[19] 郭美华. 铜合金线材干滑动摩擦磨损行为的研究 [J]. 试验研究，2007，144（12）：21-22.
[20] 郭美华. 铜银合金线材载流摩擦磨损行为研究 [J]. 有色金属加工，2008，37（2）：41~45.
[21] 丁雨，郭美华，许广济，等. 单晶铜线材载流摩擦磨损行为研究 [J]. 铸造技术，2006，27（12）：1390-1394.
[22] 徐春国. 铜合金导线材料的滑动摩擦磨损性能研究 [D]. 兰州：兰州理工大学，2005.
[23] 孙洪波. 铜铝复合接触线银铜合金的组织性能研究 [D]. 江西：江西理工大学，2009.
[24] 寇生中，彭承坚，丁雨田，等. 热型连铸制备 Cu-0.3Sn 合金线材的研究 [J]. 金属铸锻焊技术，2008，38（7）：33-35.
[25] 田莳. 金属物理性能 [M]. 北京：航空航天大学出版社，2004：41-48.
[26] 陈马骧. 材料物理性能 [M]. 大连：大连理工大学出版社，2006：25-26.
[27] 李来军. 连续定向凝固技术制备 Cu-Ag、Cu-Cr 合金线材及其组织和性能的研究 [D]. 兰州：兰州理工大学，2004.
[28] 张光伟，官珊丹，张建波，等. 铜镁、铜锡合金接触线的制备及组织性能研究 [J]. 上海有色金属，2015，36（2）：71-74.
[29] 支海军，徐玉松，陆敏松，等. 高速电气化铁道用铜锡合金接触线成型工艺的确定 [J]. 机械工程材料，2011，35（10）：76-80.
[30] 高原. 铜合金的磨损与腐蚀行为研究 [D]. 大连：大连理工大学，2015.
[31] 黄崇祺. 中国电力牵引用接触线（电车线）的发展 [J]. 中国铁道科学，2003，24（50）：61-65.
[32] 吴炯，沈官秋. 电气材料及应用 [M]. 西安：陕西科学技术出版社，1983：38.
[33] 万传琨. 高强度高导电铜材综述 [J]. 材料导报，1993（2）：23.
[34] 赵祖德. 铜及铜合金材料手册 [M]. 北京：科学出版社，1993：3.
[35] 有色金属及其热处理编写组. 有色金属及其热处理 [M]. 北京：国防工业出版社，1981：269-277.
[36] 重有色金属材料加工手册编写组. 重有色金属材料加工手册 [M]. 北京：冶金工业出版社，1979.
[37] 安金敏. 铜镁合金电车线的研究 [D]. 上海：上海大学，2005.
[38] 東德林. 金属力学性能 [M]. 北京：机械工业出版社，1999.
[39] 马凤仓，倪锋，杨涤心. 高铬含量铜铬合金的真空熔炼 [J]. 材料开发与应用，2003，

189（1）：8-11.

[40] 贾淑果，刘平，田保红，等. 高强高导 Cu-Ag-Cr 合金的强化机制［J］. 中国有色金属学报，2004，14（7）：1144-1148.

[41] Jia S G，Liu P，Ren F Z，et al. Wear behavior of Cu-Ag-Cr alloy wire under electrical sliding［J］. Mater SciEng A，2005，398：262-267.

[42] 刘平，等. 快速凝固 Cu-Cr 合金时效析出的共格强化效应［J］. 金属学报，1999，35（6）：1-7.

[43] 陈民芳，由臣. 铜铬硅及铜铬硅镍电极合金的实验研究［J］. 天津理工学院学报，1998，14（2）：40-44.

[44] Liu Y，Liu P，Su J H，et al. Aging behavior of Cu-Cr-Zr-Ce alloy［J］. 材料热处理学报，2004，25（5）：612-615.

[45] 张翔，葛研，李新，等. 加工工艺及时效处理对 Cu-Cr-Zr 合金性能的影响［J］. 沈阳化工学院学报，2006，20（6）：230-233.

[46] 刘平，苏娟华. 新型铜铬系合金及其制备技术［M］. 北京：科学出版社，2007.

[47] 苏娟华，刘平，董企铭，等. Cu-Cr-Zr 合金时效强化机理［J］. 材料热处理学报，2005，26（6）：62-65.

[48] Su J H，Dong Q M，Liu P，et al. Simulation of aging process of lead frame copper alloy by artificial neural network［J］. Trans Nonferrous Met Soc China，2003，13（6）：1419-1423.

[49] 刘强. 新型电气化铁路用接触线的制备及性能研究［D］. 沈阳：东北大学，2006.

[50] 王卫东，郭立华，武现军. 电力牵引用内包式钢铝接触线磨耗计算［J］. 电线电缆，2015（4）：44-45.

[51] Fox A，Fuchs E，et al. Fatigue of steel wire and copper-clad steel conductor used for telephone drop wire［J］. Wire Journal International，1983（4）：62-70.

[52] 运新兵，宋宝韫，刘元文，等. 电气化铁路用铜包钢接触线制造技术［J］. 有色金属，2002，54（3）：1-3.

[53] 孙洪波. 铜铝复合接触线银铜合金的组织性能研究［D］. 江西：江西理工大学，2009.

4 接触线用材料的强化机制

4.1 固溶强化

固溶强化利用溶质原子溶入基体中产生原子尺寸效应、弹性模量效应和固溶体有序化作用，最终使材料产生点阵缺陷而达到强化的目的。对于铜合金而言，其机制是通过溶质原子溶入铜基体。由于溶质原子和溶剂原子直径不同，从而引起晶格畸变，晶格畸变产生的应力场与周围的弹性应力场产生交互作用，导致位错运动受阻，从而提高铜合金的强度。根据 Mott-Nabbro 的理论，对于稀薄固溶体，屈服强度随溶质元素浓度的变化可表示为：

$$\sigma = \sigma_0 + KC^m \tag{4-1}$$

式中 σ，σ_0——分别为合金屈服强度及纯金属屈服强度；

C——溶质原子浓度；

K，m——常数，取决于基体和合金元素的性质，其中 $0<m<1$。

导致固溶强化的因素包括弹性交互作用柯垂尔气团和史诺克气团、电交互作用、化学交互作用等。随着合金元素固溶到铜基体中，虽然强度随之提高，但同时也很大程度上降低铜基体的电导率，如图 4-1 所示。

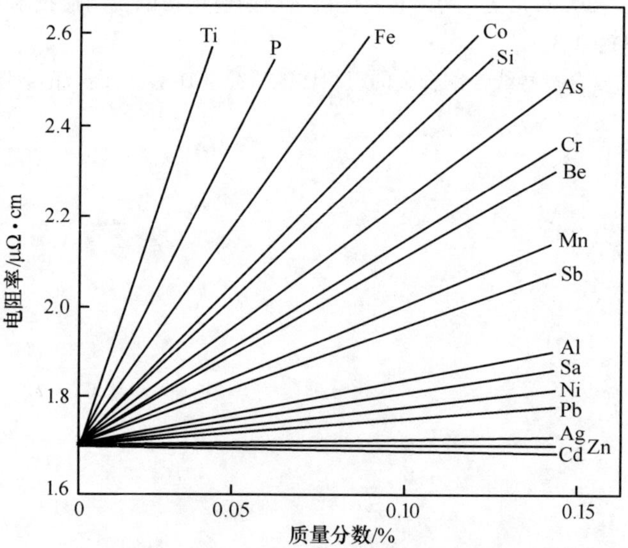

图 4-1 微量合金元素对铜的电阻率的影响

在低固溶度的条件下，铜合金电阻服从马提申定则，可将其电阻率分为两部分，这是各异类原子引起的铜晶格发生畸变增加对电子散射作用的结果。在此条件下，Mathissen 定则可表示为：

$$\rho = \rho_0 + C\zeta \tag{4-2}$$

式中 ρ——固溶体的电阻率；

ρ_0——纯铜的电阻率，它仅是温度的函数，当 $T=0$ 时，$\rho_0=0$；

C——固溶体中溶质元素的浓度；

ζ——单位溶质元素固溶体残余电阻。

由此可见，一方面，固溶于铜基体中的合金元素将引起铜合金的电导率下降，固溶原子对铜合金电导率的影响是很复杂的，但主要影响是异类原子引起铜基体晶格发生畸变而增加对电子散射作用的结果；另一方面，溶质元素在固溶体中的残余电阻，其数值越大则合金的电阻率越大。由式（4-2）可知，合金元素对合金导电性的影响与其浓度呈正比，因此固溶的合金元素对铜合金的导电性影响较大。

高强高导铜合金常用的固溶强化元素有 Cd、Ag、Ni、Mg、Zn 等，如 Cu-0.085%Ag 经冷加工后，强度可达 420MPa，电导率为 100%，Cu-(0.05~0.15)%Cd 经冷作硬化后，具有高电导率（可达 96%）和较高的抗拉强度。单独利用固溶强化效果不是很显著，通常要与其他强化方式配合使用。固溶元素会使材料的电导率呈直线下降，因此在高导电铜合金中，固溶状态元素含量都较低，一般控制在 1%以下。

固溶强化是通过合金元素溶入铜基体产生晶格畸变，从而阻碍位错运动来提高合金强度的强化手段。异类原子加入纯基体中构成固溶体，在应力-应变图上，合金的流变以及应力-应变曲线都向上提升，合金的应变强化能力一般比纯金属要高。在同一基体中，不同溶质元素溶解度的高低鲜明地反映出它们强化效果的差异。大致规律是：在相同的浓度下，强度的提高与溶质元素溶解度的倒数成正比。很明显，溶解度的高低只是一个表象，溶质和溶剂两元素原子尺寸的不同、化学性质的差异、电学性的区别等因素将更直接地影响固溶体的强度。固溶体的流变应力随温度变化的总趋势是和纯金属相同的，但它的温度敏感性比纯金属大，并且浓度越高，敏感性越大。

4.2 形变强化

Taylor 首次提出基于位错机制的加工硬化理论，根据位错强化理论，由于冷变形增加，合金的亚结构细化，亚晶界阻碍位错的运动，晶粒位向发生转动，从有利变形位向转到不利位向发生几何硬化。同时，冷变形能使内部位错大量增加，并在运动过程中彼此交截，形成割阶，使位错的可动性减小，许多位错交互作用后，缠结在一起形成位错塞积，从而阻碍位错运动，进而使材料的强度得到提高。屈服强度与位错密度的关系如式（4-3）所示：

$$\Delta\sigma = \alpha\mu b\sqrt{\rho} \tag{4-3}$$

式中 μ——切变模量；

ρ——位错密度；

b——柏氏矢量；

α——与晶体、位错结构及分布有关，面心立方金属为 0.2，体心立方金属为 0.4。

通过形变强化获得的较高强度会在随后的退火过程中很快丧失，因而形变强化常与其他强化方式配合使用。例如通过“固溶+冷变形+时效”工艺大大提高沉淀强化型铜合金的强度而对电导率影响甚小。与之相似，在固溶、时效后进行冷拉也可进一步达到提高合金强度的目的。后者与前者的主要区别在于对合金强度和电导率的要求不同。形变热处理工艺已成为提高铜合金强度的有效措施之一。

单独利用某种强化效果不是很明显，通常要与其他强化方式配合使用。加工硬化（即形变）是最常见的铜合金强化手段之一，其特点是材料强度上升的同时其塑性迅速下降，电导率也因位错密度的增加而略有降低。某种特定的材料，其加工硬化是有一定限度的。加工硬化带来的材料塑性下降和性能各向异性，也对其应用有很大限制。另外，当使用温度上升时，材料会发生回复、再结晶而软化，这使得加工硬化铜合金的高温强度一般较低。

加工硬化可以提高材料的强度，但对材料的电导率会带来负面影响。研究表明：在室温变形时，由于基体发生动态回复和动态再结晶，位错密度约保持在 $10^{12}/cm^2$ 范围内，相应的纯 Cu 冷变形后，强度由软态的 230～290MPa 增加到 350～450MPa 而趋于饱和。纯铜变形时，形变量在 0～1 之间时，位错密度增加较快，而继续增加变形量，由于发生动态回复和再结晶，位错密度不会明显增加。加工硬化会增大铜晶格的畸变程度，同时冷加工可改变铜原子间结合力并导致原子间距增大，使铜合金电导率降低。资料显示，由于位错影响可使电阻率增加 0.1μΩ · cm 左右。因此，加工硬化在提高材料强度的同时，仍能使其保持较高的电导率。

4.3 细晶强化

细晶强化是在浇铸时采用快速凝固或者采用热处理手段获得细小的晶粒，也可以加入某些微量的合金元素细化晶粒。细晶强化的本质是由于晶粒尺寸减小，使得晶界处的原子排列混乱，杂质缺陷多，而且晶界两侧的晶粒位向不同，可以阻碍位错从一个晶粒向另一个晶粒运动，从而使晶界有效地阻碍位错运动，最终达到提高合金强度的目的。晶粒细化引起的界面增多对电导率影响不大，其突出优点是在能够提高材料强度的前提下还可以提高材料的塑性。所以，细晶强化也成为铜合金主要强化手段之一。一般情况下多晶体的强度与其晶粒尺寸的关系符合 Hall-Petch 公式：

$$\sigma_s = \sigma_0 + Kd^{-1/2} \tag{4-4}$$

式中 σ_s——合金屈服强度；

σ_0——晶格摩擦力；

K——常数；

d——平均晶粒直径。

晶粒尺寸减小，合金强度提高，由于晶粒细化仅产生晶体缺陷，因而对电导率影响不大。所以细晶强化与其他强化方式相比最大的优点就是能够在提高合金强度的同时对其电导率影响不大。细晶强化在提高材料强度的同时可以提高材料的塑性，这是由于晶粒细化后，材料变形时晶界处位错塞积所造成的应力集中可以得到有效缓解，推迟了裂纹的萌生，因此材料断裂前可以实现较大的变形量。晶粒细化也正是由于这一优点而得到了广泛的应用。日本大阪大学的研究结果表明，将 Cu-Zr 系合金中 Zr 质量分数从 0.1%提高到 1.15%，由于 Cu_3Zr 析出使固溶处理后晶粒尺寸由 430μm 降至 20μm，合金显微硬度提高 15HV，而电导率仅降低 15%。

为了得到超细晶粒组织，有几种方法可以采用：

(1) 改变结晶过程中的凝固条件，一方面尽量增加冷却速度，另一方面调节合金的成分以提高液体金属适应过冷的能力，使结晶从转变一开始就有相当大的成核速度，进而取得细小的初生晶粒组织。

(2) 进行冷变形，同时严格控制随后的回复和再结晶过程以取得细小晶粒组织。

(3) 利用脱溶反应、粉末烧结、内氧化等方法在合金内产生弥散的第二相以限制基体组织的晶粒长大。

(4) 通过同素异性转变的多次反复实现晶粒的细化，这种热循环细化晶粒的效果在钢中已获得成功。

(5) 通过加入某种微量合金元素来细化晶粒。

4.4 第二相强化

第二相粒子强化可分为两种情形：一种是粒子在合金系中处于部分热力学平衡，通过固溶处理和时效处理，促使粒子析出，但存在粒子粗化的可能。另一种是通过化学反应或机械合金化引入分散体。分散体强化研究主要集中在各种氧化物、碳化物等，有效强化相有 Al_2O_3 和 BeO 等。第二相粒子强化遵循 Orowan 机制，可采用 Orowan-Ashby 方程式（4-5）来进行定量计算，以 Cu-Fe 合金为例：

$$\sigma = \frac{0.84MG\boldsymbol{B}}{2\pi(1-\nu)^{0.5}(\lambda-2r)}\ln\frac{r}{b} \tag{4-5}$$

式中 M——Talor 因子，面心立方 Cu 为 3；

G——Cu 基体的切变模量，48.5GPa；

$\boldsymbol{B}$——Cu 的 Burgers 矢量，0.256nm；

r——析出 Fe 粒子的半径；

ν——Cu 的泊松比，0.35；

λ——平均粒子间距。

在时效过程中析出弥散分布的第二相会提高合金的强度。合金经固溶和时效处理后，在析出的过程中将发生溶质原子偏聚和形成亚稳相，析出弥散分布的第二相，这些相能有效地阻止位错和晶界的移动，从而提高合金的强度。同时，随着过饱和溶质原子的析出，铜基体中固溶的合金元素减少，使材料的电导率不断提高。通常加入的元素有：室温固溶度微小或几乎不固溶的合金元素，如 Fe、Cr、Zr、Ti、Be、Nb 等；形成相在铜基体中固溶度变化大的元素，如 Fe-P、Ni-Si、Fe-Ti 等。由于时效强化的作用比固溶强化显著，且对材料的导电性能影响不大，因此时效强化已成为目前制备铜基高强高导电材料的广泛应用方法。

对于时效强化型铜合金而言，析出的第二相会引起基体晶格畸变，这也将对合金电导率产生一定的影响，第二相所引起的电导率变化可表示为：

$$\delta = \delta_0\left[1 + \frac{f}{(1-f)/3 + \delta_0(\delta_0 - \delta_1)}\right] \tag{4-6}$$

式中 δ——铜合金的电导率；

δ_0——铜基体的电导率；

δ_1——第二相颗粒的电导率；

f——第二相的体积分数。

对于高电导率的时效强化铜合金来说，通常 $\delta_0 \gg \delta_1$，$f \leqslant 3\%$，代入式（4-6）可得 $\delta \approx 0.97\delta_0$。由此可见，第二相颗粒对铜合金电导率的影响非常小，往往可以忽略不计，但当第二相颗粒的尺寸与电子波的波长处于同数量级时，颗粒对电子波的散射能力最强，会使合金的导电性显著下降；当第二相颗粒之间的间距小于铜中电子平均自由程时，颗粒将显著阻碍电子的流动，降低铜合金接触线的导电性。第二相强化的具体方法有时效强化、快速凝固析出强化等。

4.4.1 时效强化

此种方法适用于高温与低温在铜中固溶度相差较大的合金元素，如 Fe、

Cr、Zr、Ti 等。经固溶、时效处理后析出的弥散相能有效地阻止位错与晶界的移动，从而提高合金的强度。时效强化的优点是在大幅度提高材料强度的同时，还可提高合金的电导率，因此在高强度、高导电铜合金中获得了广泛应用。关于时效强化的机制，总体来说，当强化相粒子尺寸较大时，通过 Orowan 机制以位错绕过机制产生强化效果，而当粒子尺寸较小时通过位错切过机制发生强化。

4.4.2 快速凝固析出强化

快速凝固析出强化法是将铜合金液体快速冷却，使过量的合金元素固溶于铜基体中，并保存大量晶体缺陷，经时效处理后，在铜基体上形成弥散分布的析出相，阻碍位错移动，从而提高材料的强度。由于快速凝固的铜基体内溶质原子的含量高，而且缺陷密度大，因而时效后所获得的弥散度增大，即可获得更高的强度，但电导率也略有下降。研究表明，Cu-0.8%Cr 合金用常规冶金经时效后，其抗拉强度为 350MPa，电导率为 80%；而用快速凝固处理的 Cu-0.8%Cr 合金，时效后抗拉强度可达 470MPa，电导率则下降至 76%。

4.5 弥散强化

弥散强化法是指在合金中通过粉末冶金方法在铜基体形成稳定的弥散分布的氧化物颗粒。有人认为获得最佳强度和电导率的匹配是通过时效强化和弥散强化，而弥散强化可能对达到这一目标更为有利，这是由于完全非共格可以使固溶原子从基体中充分析出。弥散颗粒应细小、坚硬且分布较为紧密，这些弥散分布的氧化物颗粒阻止了位错和晶界的移动，从而提高了合金的抗软化温度。弥散强化在高温（>300℃）时的效果尤为显著，低温时则不明显，因而将两种机制复合使用，可以获得较高的中低温性能。

弥散强化机理的代表理论是位错理论。在弥散强化材料中，弥散相是位错线运动的障碍，位错线需要较大的应力才能克服障碍向前移动，所以弥散强化材料的强度高。析出强化是弥散强化的一种，目前多采用其他弥散强化手段制备高强高导铜合金。例如，用机械混粉的方法制备以 WC 粒子为第二相的弥散强化铜材料，结果表明 WC 粒子在 Cu 弥散强化材料中分布均匀，是一种较理想的弥散相，当 WC 体积含量为 1.2%时，其综合性能较优。或选用具有高导电、高导热性能的新型陶瓷 Ti_3SiC_2 作为弥散强化相，通过与 Cu 粉末高能球磨混合，热压成一种新型弥散强化 Cu 材料，力学性能测试表明，随着 Ti_3SiC_2 体积分数的提高，弥散强化 Cu 的屈服强度和维氏硬度线性上升，当添加 4%Ti_3SiC_2 时，合金的屈服强度和硬度是纯 Cu 的 2 倍。

参考文献

[1] 张联盟. 材料学 [M]. 北京：高等教育出版社，2005.

[2] Miyake J, Ghosh G, Fine M E. Dedign of high-strength, high-conductivity alloys [J]. MRS Bullentin, 1996, 6: 13-18.

[3] 陈树川. 材料物理性能 [M]. 上海：上海交通大学出版社，1999.

[4] Pelton A R, Laabs F C, Spitzing W A, et al. Microstructural analysis of in-situ Cu-Nb composite wires [J]. Ultramicroscopy, 1987, 22: 251-265.

[5] Hong S I, Hill M A. Microstructural stsbility and mechanical reponse of Cu-Ag microcomposite wires [J]. Acta Metall Mater, 1998, 46: 4111-4122.

[6] Spitzig W A, Biner S B. Comparison of strengthening in wire-drawn or rolled Cu-20%Nb with a dislocation accumulation model [J]. J Mater Sci, 1993b, 28 (17): 4623-4629.

[7] Thilly L, Veron M, Ludwig O, et al. High-strength materisls: In-situ investigations of dislocation behaviour in Cu-Nb multifilamentary nanostructured composites [J]. Philos Mag, 2002, A82: 925-942.

[8] Sun S. Strures and Residual Stresses of Cr Fibers in Cu-15Cr Composites [J]. Metal Mater Trans, 2001, A32: 1225-1232.

[9] Verhoeven J D, Downing H L, Chumbley L S, et al. The resistivity and microstructure of hesvily drawn Cu-Nb alloys [J]. J Appl Phys, 1989, 65: 1293-1301.

[10] 雷静果. 新型高强高导 Cu-Ag-Cr 合金的组织性能及时效动力学研究 [D]. 西安：西安理工大学博士论文，2007: 8-9.

[11] 崛茂德，藤谷涉，董志力，等. Cu-Cr-Zr 合金的加工热处理 [J]. 铜技术研究会志，1990, 29: 160-168.

[12] Ken R Anderson, Joanna R Groza. Microstructural Size Effects in High-Strength High-Conductivity Cu-Cr-Nb Alloys [J]. Metallurgical and Materials Transactions A, 2001, 32A (5): 1211-1224.

[13] 向文永，陈小祝，匡同春，等. 集成电路用引框架材料的研究现状与趋势 [J]. 材料导报，2006, 20 (3): 122-125.

[14] Larberg I, Backmark U. Effect of solidification volicty on composite [J]. Materials Science and Engineering, 1986, 83: 115-121.

[15] 帅歌旺，张萌. 高强度、高导电铜合金及铜基复合材料研究进展 [J]. 特种铸造有色合金，2005, 25 (9): 534-538.

[16] 刘平，康布熙，曹兴国，等. 快速凝固 Cu-Cr 合金时效析出的共格强化效应 [J]. 金属学报，1999, 35 (6): 561-564.

5　接触线制造工艺

5.1　概述

铁路接触线也称电车线，是电气化铁路接触网中重要的组成部分。接触线是所有供电类导线中工作环境最恶劣的一种，正常工作时需要承受冲击、振动、温差变化、环境腐蚀、磨耗、电火花烧蚀和极大的工作张力，因此电气化铁路接触线制造不但工艺繁多，而且对工艺制作的要求也十分高。一般情况下，接触线的结构为两侧带沟槽的圆柱状，其形状可见图 1-5。

5.2　接触线制造工艺

接触线的特点是产品形状简单，但品种较多，而且要求具有很高的安全可靠性。根据材质的不同，接触线有纯铜、铜合金、铝-钢和铜-钢等四大类。接触线的主要制造工艺如下：(1) 铸锭—轧制—拉伸；(2) 上引连铸法；(3) 连铸连轧法；(4) 上引（水平连铸）—连续挤压—拉伸法；(5) 电镀法（镀铜—轧制—拉制）；(6) 浸涂法（热浸涂包覆—轧铆—拉制）；(7) 康仿（conform）挤压法（连续挤压包覆—拉制）。这几种制造工艺都各有优缺点。

(1) 铸锭—轧制—拉伸法一般用于制造铬锆铜接触线。制造铬锆铜接触线的具体工艺是：先将重量百分比为 Cu-(0.3-0.5%)、Cr-(0.1-0.15%)、Zr-(0.01-0.02)%Si 的接触线合金进行加工，用真空感应炉熔化 Cu-Cr、Cu-Zr、Cu-Si 中间合金，然后二次熔化 Cu-Cr-Zr 并铸锭，铸锭经过冷轧轧制变成线杆，线杆不经过固溶处理而直接退火后冷拔成型，抗拉强度为 580 ~ 640MPa，电导率为 77% ~ 80%。该技术的优点是工艺简单，便于操作；其不足之处是二次熔化能耗高，冷轧变形量有限，铸锭规格小，不符合接触线大长度要求。铜锭轧制法设备密闭性差，经热轧后表面氧化严重，需经酸洗。由于受锭重的限制，不能制造无焊接接头的长度大于 1500m 的接触线，无法满足高速电气化铁路的运行要求。

(2) 采用上引连铸法制造接触线。上引法（传统连铸法）采用上引铸造进行浇铸，利用液位差压力，将铜液在密封的铸模内向四周均匀冷却，结晶后的铜杆在牵引机构带动下不断向上引出形成铸坯。上引法引出的铸杆含氧量一般在 0.0020%以下，具有高纯度、高导电（对无氧铜可达 102%）、高塑性的优点，应用广泛。上引连铸法的缺点是上引杆在常温下轧制和拉拔时，不能改善内部组织，拉拔后产品断面组织为晶粒粗大、未完全破碎的铸造组织。这种组织造成的残余应力，会使接触线架设后沿其长度方向有许多不规则的微小波浪弯，高速电力机车通过时会产生连续细碎的离线火花，降低机车的取流质量，同时也降低了接触线自身的寿命。另外，由于在铸造过程中，铸坯里的气泡和夹杂物向上漂浮，气泡和夹杂物完全被铸坯捕获，生产出的合金杆易出现质量问题，在使用过程中容易出现脆断。上引法的优点是熔炼和连续铸造过程在隔绝空气的条件下进行，不经过流槽、中间包和浇包，生产的铸杆品质纯净、夹杂物极少，含氧量极低，炉容小，拆炉、洗炉成本低，变换生产铜合金品种灵活。

（3）连铸连轧法制造接触线是在连铸锭坯处于高温状态下即进行轧制（热轧）。锭坯粗大的铸态晶粒在压力加工下破碎，同时实现再结晶的过程。其优点是经冷加工制成的接触线的金相组织为细晶粒组织，组织均匀，产品具有强度高、软化温度高、平直度好、耐磨性和抗蠕变能力高等特点；缺点是此种工艺是为满足生产量在 3 万吨以上的纯铜杆生产要求而设计，生产设备的日产量至少在 100t。因频繁更换合金需要拆炉筑炉，设备能力利用率低，生产制造成本高，该工艺不适于品种多、批量少的电车线生产模式。同时含氧量增高会降低铜的抗疲劳性能，易发生接触线断线现象及事故。

（4）上引（水平连铸）—连续挤压—拉伸法工艺生产接触线。将上引连铸引出的杆坯进行连续挤压加工，使粗大的铸造金相组织转变为细小均匀的再结晶组织。一般采用 $\phi16$mm 的上引无氧铜杆连续挤压扩展成型为 $\phi22$mm 或 $\phi24$mm 的杆坯。再经轧制和冷拔成型，制成截面为 120mm^{2}或 150mm^{2}的接触线。采用此工艺的优点为接触线含氧量为无氧铜级，铸造组织完全消除，横向晶粒尺寸小于 0. 020mm；在电气性能良好的同时，接触线的强度提高，塑性增大、韧性良好、性能均匀、平直度好，且生产所用的坯料无需加热；能量消耗可降低 30%以上，可实现无间断的连续生产，变形金属受力状态好，组织致密；坯料在连续挤压过程中处于强烈的三向压应力状态，有利于提高金属的塑性，消除铸造缺陷、发生再结晶，改善金属组织结构，细化内部晶粒，从而提高金属的力学性能和电性能；同一种直径的杆坯既可以生产更小截面的产品，也可以通过扩张模生产出比杆坯截面还大的产品，从而满足不同线径产品的需要。该工艺的缺点是生产时在接触线表面容易产生气泡，需要高硬度的模具材料如硬质合金，加工较难，费用较高。

采用连续挤压技术生产铜合金杆坯，与传统工艺相比，其优点是通过连续挤压的产品性能好，尺寸精度高、光洁度高，在生产银铜、锡铜合金接触线时，省去了冷轧工序，且挤压杆坯为软态，减轻了拉拔工序操作强度，提高了效率，同时改善了拉拔设备生产条件；不足之处是连续挤压制品容易出现充不满、夹杂、气泡、冷隔、硬度超标等缺陷，在挤压开始生产过程中，由于垫板、导板结构设计问题，在送入预热铜杆时，热杆尾部卡在垫板与压实轮之间，会导致挤压轮凹槽两边的挂铜逐步脱落，形成溢料堆积并卷入腔体内，杆坯内部存在夹杂、分层缺陷，在后续拉拔过程中表现为断杆、凹坑。

（5）电镀法。将钢线经脱脂、酸洗等湿式处理后进行镀铜，然后经轧制后成杆。该方法设备不太复杂，操作易于控制，原材料利用率高，但镀层厚度受限，界面结合弱，对环境有污染。

（6）浸涂法。用扒皮模将钢线表面扒皮后预热，使之通过保持在坩埚中的铜水，让铜附着在钢线上并冷凝，然后热轧成杆。此法生产效率较高，但设备较复杂，操作较难控制。

（7）康仿（conform）挤压法。Conform 连续挤压核心技术由英国原子能机构发明，最早应用于铝及铝合金的加工。近年来国外有许多公司和研究机构热衷于新型、高可靠性、高导电能力的连续挤压铜及铜合金扁线的研究，比较著名的有英国 BW 公司、瑞典的 ELECTRCO-COPPER 公司等。

Conform 挤压方法为利用连续挤压原理实现双金属包覆。工序为钢芯线穿过堵头、挤压模及挤压靴的进料孔，在挤压靴上安有防止金属泄漏的槽封块，槽封块与旋转的挤压轮进料槽组成一个动态的挤压容室，杆坯由挤压轮的进料槽通过摩擦力进入挤压容室，挤压力由包覆料与挤压轮之间的摩擦形成，包覆料进入模腔后与芯线复合，从而形成包覆线。此方法在成形过程中实现材料复合，也可以进行特殊断面超长线材料的挤压成形，应用范围广泛，但该方法很难对熔点高、强度大的金属进行生产。

图 5-1 所示为双轮挤压机包覆示意图，生产时从两进料口进入的料量应该相等，以平衡两侧压力，这种方法在多坯料复合时，如双层管、三层线、三层管的生产有较大的优势，而单轮挤压机用于铜、铝管、线材的挤压有优势。

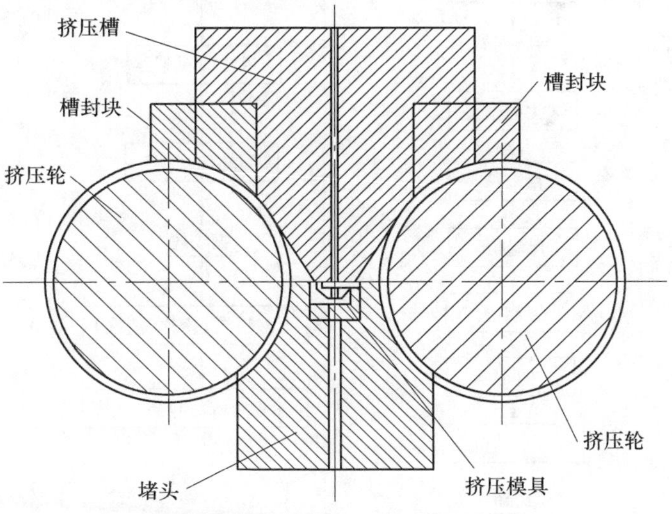

图 5-1 双轮 CONCLAD 连续挤压包覆示意图

6　连铸连轧工艺及设备

连铸连轧工艺是将阴极铜加入竖炉熔化，熔化过的铜液进入扒渣箱，通过溜槽进入保温炉，经过连铸连轧设备轧成直径 18~25mm 的杆坯，再用 3%~5%的酒精清洗去除表面氧化层，经涂蜡保护，最后经过冷拉加工法生产产品。采用连铸连轧法制造的接触线，其晶粒度较小，晶粒尺寸为 0.02mm。经过其后的冷加工变形后获得的成品接触线，其晶粒变得更加细小，且晶粒外形沿着变形方向明显拉长。连铸连轧设备控制的最佳成品含氧量一般在 0.0300%左右，而我国标准规定含氧量应控制在 0.0300%以下，这给制造工艺的把握带来了一定的困难。

6.1　工艺制造

6.1.1　工艺流程

主要工艺流程为合金成分设计→电解铜熔炼→连铸连轧→预拉→拉拔成型，工艺流程图如图 6-1 所示。

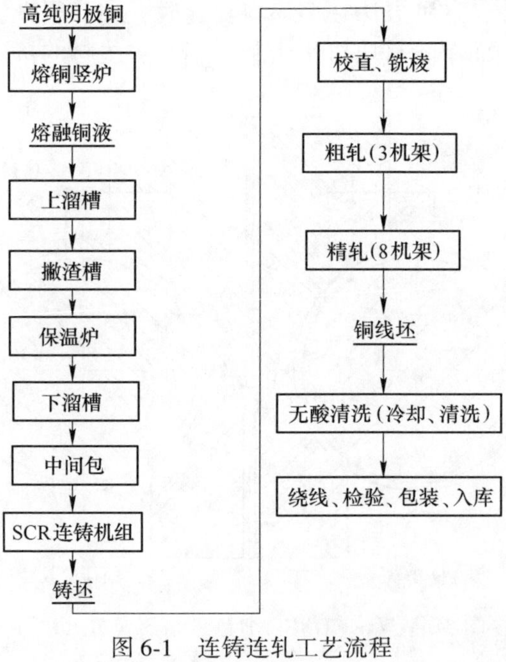

图 6-1　连铸连轧工艺流程

6.1.2 工艺要求

要求1：木炭覆盖。木炭在加入熔化炉、过渡仓、保温炉之前，必须经过烘干，不允许有水汽进入炉内。覆盖厚度为80～100mm。

要求2：清渣。木炭在与铜液接触后，与铜液内的氧发生化学反应产生CO_2和CO气体，起到脱氧作用，但木炭自燃会产生灰渣，覆盖在铜液表面，灰渣产生以后，会阻碍上层木炭进一步脱氧，因此应及时清除在炉内生成的灰渣。清理炭灰时应注意拨开未烧掉的木炭。清灰后拨动炉内木炭，使其完全覆盖铜液，然后再加入新鲜木炭。加入新鲜木炭时应注意不要让新鲜木炭直接接触铜液。（清渣频次：每4～6h清一次，如果木炭层厚度小于30mm，应先加入新木炭再清灰，避免木炭层厚度小于20mm）。在清渣过程中，要防止铜液大面积直接暴露在空气中，使铜液吸氧。

要求3：定时检查感应器、炉体外壳温度。要求感应器外壳温度不高于220℃，炉体外壳温度不高于160℃，如发现异常要及时报告车间领导并采取处理措施。

要求4：保温炉操作。保温炉内可用木炭覆盖或用石墨鳞片覆盖。ϕ8/ϕ12.5mm上引机组覆盖采用木炭覆盖。石墨鳞片覆盖厚度一般为60～80mm，结晶器附近厚度为80～100mm，如炉内表面发红，要添加石墨鳞片，结块要及时清理。清渣一般每周一次。木炭覆盖厚度保持在150mm左右，浮子附近保持在60～80mm，生产过程中根据覆盖情况及时添加烘烤过的木炭，每6h清灰一次，每2～4h搅动一次，测温系统（热电偶）用电位差计，每月进行一次温度校验，使温度显示可靠、正确。每小时记录炉子电压、电流、铜液温度、炉温，交班时转交记录。每小时记录线圈、水套温度1次，该处温度不高于60℃。定期检查保温炉外壳的温度，感应线圈部分应低于220℃；炉体部分应低于160℃。

6.2 主要设备

连铸连轧工艺设备主要由加系统、竖炉、连铸机、限位装置、双头收线机、冷却水系统、电气控制操作系统、加料机构、测温装置、操作平台等组成。

6.2.1 加料系统

加料系统由加料机构、闭路摄像监控装置、紧急抱闸系统组成。加料系统将电解铜或其他铜原料从车间地面提升到竖炉的进料口，通过翻转装置将原料加入炉内。在进料口上方安装一台工业闭路电视摄像机，便于竖炉操作工在岗位监控炉内料面高度。将装入竖炉的成捆铜板通过阴极铜板散播器进行散播，以改善竖炉能效。加料小车紧急刹车系统在钢索出现故障时可对小车紧急制动，避免发生坠落事故。

6.2.2 竖炉

竖炉是垂直的，其断面呈圆形，有耐火材料内衬和焊接钢结构外壳，如图6-2所示。该熔炉的内部表面衬有碳化硅砖，碳化硅砖和钢壳之间采用耐火砖和隔热耐火材料。钢壳的顶部有一个加料口，电解铜和其他原料从该口加入。在炉内加料区沿炉壁周围砌有铜块，用以保护炉内壁在电解铜加入时避免撞坏。竖炉采用天然气作为原料，烧嘴沿圆周设置在炉子底部，铜料在靠近炉底处熔化，较上部的铜料由燃烧气体预热。熔融铜从出铜口流出炉外，该出铜口与炉床高度相同。随着铜料的熔化，竖炉内铜料向下移动，因此能连续供给熔化铜液（该炉内没有熔池）。竖炉配有快速响应红外线一氧化碳分析仪和一个空/燃比自动控制系统(用来自动控制竖炉、保温炉和溜槽系统的所有燃烧区域的空/燃比)。

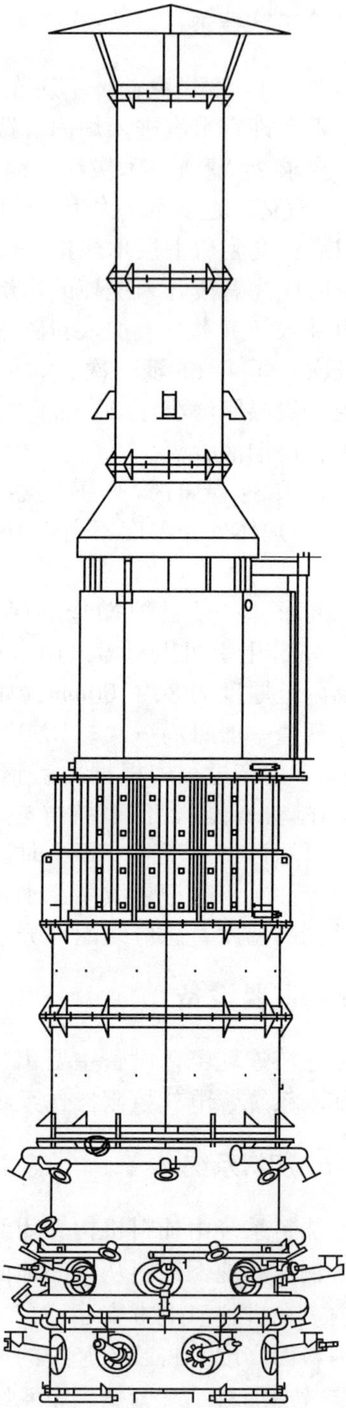

图 6-2　竖炉结构示意图

6.2.2.1　竖炉运行要求

竖炉运行要求：

（1）竖炉加料过程严格按照工艺要求进行加料比例控制，并由竖炉操作工填写加料记录，记录的信息需包含加料时间、原料重量、原料种类。

（2）通过对竖炉适当的火力控制，将保温炉内铜液量控制在6~12t。

（3）竖炉烧嘴火力40~100cm水柱时，观察CO变化值，波动应在0.4%以内。

（4）CO自动分析，电控阀测试时每次增加或者减小CO值，CO值精度要求：竖炉、保温炉为0.4%，其他为1.0%。

（5）根据检验分析结果，及时通过对炉区各区域CO值的调整实现对氧含量的控制，确保氧含量稳定。

（6）竖炉、保温炉 CO 值不低于 0.3%。

（7）燃气/空气压差控制在 30~40cm 水柱。

（8）生产中竖炉操作工应每小时巡检撇渣槽、溜槽和保温炉是否存在熔渣堵塞，以及烧嘴是否正常运行，发现堵塞时及时清除堵塞。

6.2.2.2 竖炉操作要求

A 开机操作

竖炉点火开炉前，点火预热上溜槽、撇渣槽、保温炉、下溜槽、中间包，使其达到预定温度，见表 6-1。

表 6-1 竖炉各位置温度

位置	上溜槽		撇渣槽	保温炉	中间包
	弯处	靠近撇渣槽处			
钢壳温度/℃	330~380	270~320	300~350	190~240	220~270
内部耐材温度/℃	1150~1200	1150~1200	115~1200	115~1200	115~1200

启动竖炉工艺冷却水系统，检查确认竖炉工艺冷却水系统运行情况，确保每一烧嘴工艺冷却水回水运行顺畅、水量充足，每一烧嘴处内外无冷却水渗漏。

启动竖炉燃烧鼓风机，启动竖炉加料区域冷却供风的鼓风机。

打开所有燃烧支管，增大压力进入高火模式，排除所有竖炉管路内易燃气体；打开火器自动，竖炉各烧嘴测温计自动打开。

点燃各支管烧嘴。升高 A 层（红、蓝）烧嘴燃烧速率至 3.735~9.96kPa 压力，B 层（黄、橙）、C 层（白、绿）烧嘴至 3.735~7.47kPa 压力。按钮开启 CO 自动富化，通过手动调节将竖炉各燃烧区域 CO 值设定为 0.5%~3.5%。

检查确认各烧嘴燃烧情况，炉内装料预热至合格水平后（大概为 1h 后），将 A 层烧嘴燃烧速率提高至 6.225~24.9kPa 压力，B 层、C 层烧嘴燃烧速率提高至 4.98~22.41kPa 压力，铜物料开始熔化，铜液经上溜槽、撇渣槽流入保温炉。

B 竖炉停机操作

检查确认出铜口和下排烧嘴是否有熔融铜液，没有熔融铜液时方可进行竖炉停机操作。停机前由专人认真检查竖炉一层每一个烧嘴及竖炉出铜口，确认是否有冷铜附着。

升高竖炉 A 层烧嘴（底层烧嘴）燃烧速率至 14.94~24.9kPa 压力，同时降低 B 层、C 层燃烧速率至 4.98~9.96kPa 压力，运行大致 10~30min，以完成对竖炉出铜口的清理。

竖炉操作人员至现场操作撇渣槽气动换向阀，倾转撇渣槽，倒出撇渣槽内的铜液。

停止燃气通入，增大竖炉燃烧鼓风机空气流量，至高火压力。

停止竖炉燃烧鼓风机，停止竖炉铜砖冷却风机。

6.2.3　连铸机

连铸机是实现上引连铸机组的主要设备。由牵引机构、液位跟踪传动装置、结晶器冷却水管路系统、结晶器、导轮装置及引杆平台、炉温测量装置等组成。其中牵引装置由两侧伺服电机、减速机、牵引辊轮、同步带等组成，如图 6-3 所示，其性能参数见表 6-2。连铸机上装有液位跟踪指示装置及液位跟踪传动装置，液位跟踪传动装置通过一台 Y100L-4 交流电机（功率 2.2kW，转速 1440r/min）作正反向转动，通过蜗轮减速器驱动四根丝杆，实现连铸机牵引机构的升和降。结晶器是铸杆的关键设备，其作用是将液态的铜在结晶器内快速冷却结晶成固态，并实现热交换。结晶器冷却管路系统是确保铸杆结晶时热交换所需冷却。它与感应器共用一个冷却水源，有专门的冷却水供给系统供给，结晶器的进水、回

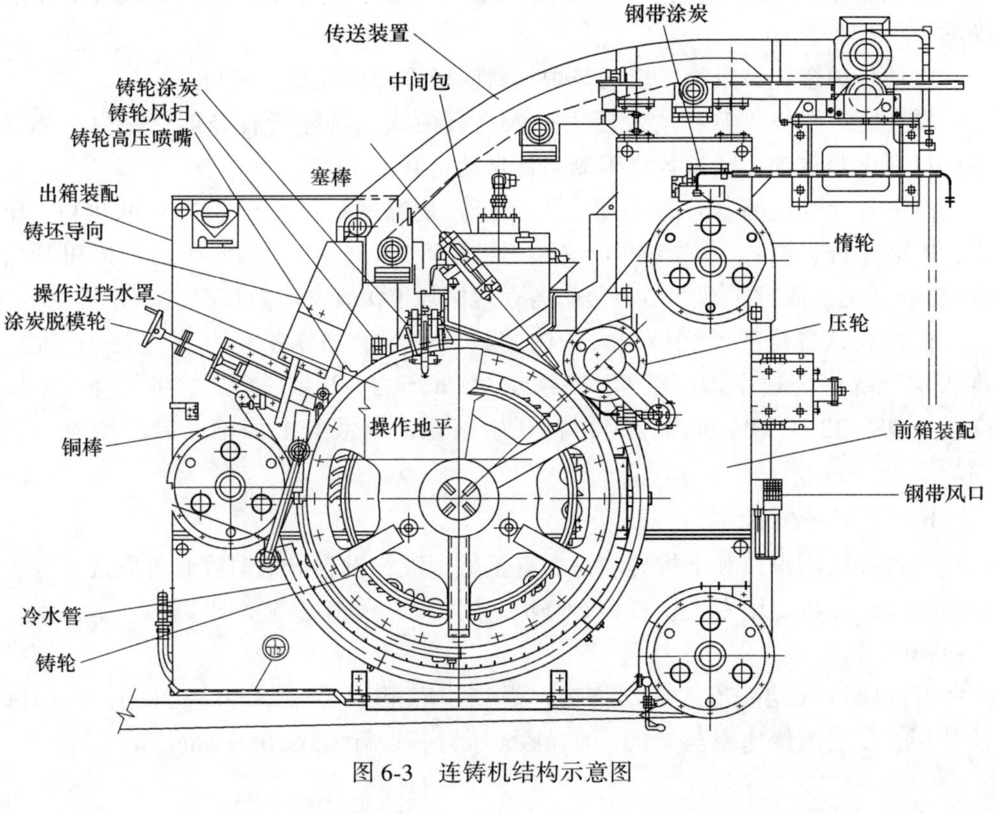

图 6-3　连铸机结构示意图

表 6-2 连铸机性能参数

序号	描 述	性 能 参 数
1	铸坯截面	$5430mm^2$（ETP），$3800mm^2$
2	铸轮直径	2440mm
3	浇管浇铸角度	45°
4	钢带长度	32.66m
5	涂炭控制箱	3 个
6	铸机传动电机	11.2kW，变速交流电机
7	牵引夹送辊传动电机	11.2kW，变速交流电机
8	中间包定位	4 轴向带气动马达和控制板
9	铸机地板	可移动，2.2kW 电机

水均用快速接头与进出水管连接，能使结晶器快速装卸。每个结晶器的进水量由阀门调节。导轮装置及引杆平台安装在连铸机上方，它使铸杆能平稳地导入各收线机，互不干扰。

浇铸过程是通过自动金属浇铸系统（AMPS）自动控制金属流量，熔融铜（铜合金）液进入涂炭后的模腔，经铸轮和钢带配置的水冷却装置分区冷却，逐渐结晶、凝固，最终通过铸轮上部装有的铸坯剥离机构及铸坯牵引机构（一个铸坯输送装置和电动夹送辊）将铸坯引出，并通过铸坯运送机构将铸坯运送到铸坯预修整系统，此外可编程序逻辑控制系统自动控制轧制速度使铸坯以恒定速度离开铸机。

在导轮和收线机之间安装一台收线限位装置，其作用是实现上引牵引速度与收线机牵引速度同步，由机架、16 组涨力机构、电位器组成，铸杆经导轮架、中间托架、涨力机构根据铸杆位置控制电位器。收线机为双头收线机。由收线牵引、成圈装置和收线转盘组成。工作时，收线电机通过减速机带动牵引辊轮，将铸杆收入收线架卷绕成圈，通过伺服电机的驱动器发出信号，通过 PLC 数据处理传递给收线电机变频器，自动控制收线电机转速，使收线速度达到与上引速度同步，其中产生的累计误差由限位装置修正，另外型号为 ϕ8/12.5mm 收线机中增加了收线盘动力装置，此动力传动装置通过 PLC，一方面跟踪收线电机，使收线速度与收线盘转速相匹配；另一方面通过 PLC 控制排线电机转速，使线盘由快到慢、由慢到快有规则转动，使铸杆在收线盘中由外圈到内圈、由内圈到外圈螺旋式一层一层成圈有序排列，达到自动排线功能。收线重量不高于 3500kg。

6.2.3.1 铸机运行要求

正常生产中，模温控制在 60～120℃。中间包液位控制在监控系统显示器标识液位高度，铸轮风扫压力控制在70~100Pa。

对铜液温度、铸机冷却系统（流量、温度）、铸坯质量进行巡检、调整。氧气压力控制在180~210Pa；乙炔压力控制在14.5~20Pa；空气压力控制在6~8kg，出现异常及时通知水气风岗位人员调整。

对工艺监控系统各质量关键点进行实时观察，出现异常及时调整处理。

对校直系统校直轮运行情况、冷却情况、刻铣棱情况进行巡检，确保运行正常；做好铸机工艺记录。

6.2.3.2 连铸机操作

A 铸机开机准备

启动铸机冷却水水泵，打开冷却水控制阀检查完。检查每一喷嘴处于正确位置并工作正常，检查确认铸机冷却水各区域流量自动控制运行正常。

启动铸机后冷却器水泵，打开后冷却器及脱模靴冷却水并进行检查，检查冷却器及脱模靴冷却水流量自动控制是否正常，检查冷却器及脱模靴出水孔有无堵塞。

启动铸机高压清洗泵，检查确认铸机高压清洗泵运行状况，并确认铸轮高压清洗和钢带高压清洗装置运行正常。

检查确认铸轮及钢带形成的梯形模腔内干燥无水分及其他异物。

安装铸轮涂炭枪（轮底、轮侧）、钢带涂炭枪，安装要求如下：

(1) 铸轮涂炭枪（轮底）需位于铸轮模腔中心，枪头高度距铸轮底部10~11cm；

(2) 铸轮涂炭枪（轮侧）需位于铸轮模腔中心，枪头高度距铸轮底部3~4cm；

(3) 钢带涂炭枪涂炭区域需覆盖整个钢带，枪头高度距钢带4~5cm。

通入水气风组供应氧气及乙炔，点燃涂炭枪，检查确认各涂炭区域涂炭枪工作正常。

打开铸轮高压风扫、钢带高压风扫，检查确认风扫装置工作正常。

检查确认中间包倾倒系统运行正常。

检查确认中间包位置满足工艺要求（浇管位置：前后位于梯形模腔中央；左右位于与钢带相切的位置）。

启动铸机，检查确认铸机运行状况，确保钢带运行无卡阻（若出现卡阻，需在开机前重新调整惰轮和张紧轮），并将铸机开机速度设定为387r/min（10t/h）。

点燃浇管加热枪用于铸轮模腔升温，开机模温控制在40~100℃。

运行铸机且在钢带加热器烧嘴处设置点火装置，打开钢带加热器燃气阀，通过手动调节加热器旁的蝶阀，控制钢带加热器加热速率。

当竖炉熔融铜液进入保温炉时，安装中间包浇铸塞棒、伺服电机，塞棒安装过程中应确保塞棒与浇管同心度并与浇管内壁紧密接触；同时检查确认伺服电机工作正常。

吊装过桥，并确认过桥定位销及螺杆已安装正确并紧固。

点燃铸轮涂炭枪、钢带涂炭枪，将乙炔、氧气流量设置见表6-3所示值。

表6-3 乙炔、氧气流量数值 (L/min)

位置	铸轮底部涂炭	铸轮侧边涂炭	钢带涂炭
乙炔	5~15	5~17	5~25
氧气	0~4	0~3	0~3

启动铸机循环冷却水冷水泵，并设置铸机冷却水流量。

按下铸机操作面板上#1 shear start（1号剪启动）按钮，启动1号废剪并将摇摆臂设置为自动控制。

启动1号夹紧辊，并置于打开位置。

B 铸机开机操作

当保温炉内铜液重量达到8~12t，铸机操作工选择铸机AMPS触摸屏上保温炉倾转控制，并手动操作倾转（Inc flow是增加流量/Dec flow是减少流量）保温炉，使铜液经下溜槽流入中间包，操作过程中需密切注意保温炉出铜量并结合中间包铜液液位情况控制保温炉的倾转。

确认中间包内液位达到挡渣板中间位置时，将保温炉倾转实现保温炉倾转自动控制并设定中间包液位。

打开铸机冷却水供水总阀，确认铸机冷却水已开启并示意铸机操作工开始浇铸。

提升塞棒，等待模腔内铜液液位出现并根据液位情况控制浇铸流量（通过高速或低速塞棒控制开关来实现）。待铸坯出模后，选择铸机冷却水运行，实现铸机冷却水流量所有区域自动控制（打开铸机机边、操作边冷却水）。

逐渐升高铸造速度，待铸坯进入输送轨道到达铸坯1号夹紧辊后，关闭夹紧辊，继续升高铸造速度至969r/min（25t/h）。

根据铸坯温度，适时开启后冷却器设定，并适当调整铸轮机边、操作边及后冷却器冷却水流量。正常生产过程中，控制铜液浇铸温度（含热电偶套管20℃温度损失）1085~1140℃，控制模腔温度60~120℃。正常生产过程中，通过调整1V轧台速度使铸坯靠近铸轮待稳定后，启动铸机环路控制，并注意观察铸造情况变化10~15min，以便发现问题及时作出相应调整。

C　停机操作

连铸机正常停机：

(1) 停止竖炉燃料供应（具体见竖炉操作），待竖炉出铜口停止出铜时倾转撇渣槽将撇渣槽内铜液倒入盛铜槽内。

(2) 手动倾转保温炉，待保温炉出铜口停止出铜时提升下溜槽 F 形杆，使下溜槽后部铜液全部流入中间包。

(3) 当中间包内铜液液面低于挡渣板底部时，停止铸机后冷却器水泵、停止铸轮高压清洗水泵，关闭塞棒停止浇铸。

(4) 用钎子捅开中间包后部石墨塞，倾转中间包放出中间包内剩余铜液。

(5) 待铸机内所有铸坯全部引出，停止铸机，停止铸机循环冷却水冷水泵、热水泵、冷却塔风机，关闭铸轮及钢带涂炭枪，关闭钢带加热系统，关闭铸轮及钢带风扫系统。

连铸机事故停机：

出现非预期停电等紧急情况时，操作步骤如下：

(1) 倾转撇渣槽将撇渣槽内的铜液倒入盛铜槽内。

(2) 提起下溜槽 F 形杆，使下溜槽后部铜液全部流入中间包。

(3) 倾转中间包，将中间包内铜液倒入盛铜槽内。

(4) 清理铸轮内铸坯。

(5) 停止铸机循环冷却水冷水泵、热水泵、冷却塔风机，停止铸机后冷却器水泵，停止铸轮高压清洗水泵，关闭铸轮及钢带涂炭枪，关闭钢带加热系统，关闭铸轮及钢带风扫系统。注意：竖炉系统停电时，保温炉气动马达会自动倾转至最高限位位置；MCC1 系统停电，铸机紧急水阀会自动打开。

6.2.4　轧机

11 机架连轧机组由粗轧机、精轧机、中间废剪、乳化液系统（粗轧、精轧、粗轧高压清洗、真空过滤）、循环润滑油系统（粗轧、精轧）构成。

粗轧机由 3 个轧台组成，采用箱形—椭圆—圆孔形系统，实现对铸坯的开坯轧制、破碎粗大的铸造组织、消除部分铸造缺陷，将轧件轧制适宜的断面形状及尺寸以满足精轧要求，其性能参数见表 6-4。

表 6-4　粗轧机性能参数

序号	描　述	性　能　参　数
1	轧辊机架	ϕ406mm（1 机架）
2	轧辊机架	ϕ305mm（2 机架）
3	调节形式	双向

续表 6-4

序号	描 述	性 能 参 数
4	单独传动电机	交流 93kW（1 台）
5	单独传动电机	交流 75kW（2 台）
6	传动电机类型	数字交流变速，可逆
7	电动轧机罩	与精轧机分开

精轧机由 8 个轧台组成，采用椭圆-圆孔形系统，实现轧件由铸造组织向加工组织的转变，晶粒得到细化、部分铸造缺陷得到进一步消除，将轧件轧制成最终产品断面形状及尺寸，其性能参数见表 6-5。

表 6-5 精轧机性能参数

序号	描 述	性 能 参 数
1	轧辊直径	ϕ204mm（8 机架）
2	轧辊槽数	多槽（≤4）
3	轧辊固定	液压
4	单独传动电机	75kW（1 机架）
5	单独传动电机	112kW（7 机架）
6	驱动电机类型	数字交流变速，可逆（8 机架）
7	电动轧机罩	与粗轧机分开

粗轧乳化液系统在轧制过程中主要起到清洗冷却轧辊、清洗轧件、控制出轧温度等作用。

粗轧高压清洗系统在轧制过程中主要起到对轧件增强清洗效果的目的，减少轧件表面铜粉量。

精轧乳化液系统在轧制过程中主要起到清洗冷却轧辊、清洗轧件、控制出轧温度、还原轧件表面氧化物的作用。

真空过滤系统的主体设备由美国 Filtertech 公司提供（包括真空泵、传送履带、液位控制等）。主要使在轧机循环后的乳化液经过可渗透过滤介质过滤，去除乳液内含有的大颗粒铜粉及杂物，过滤后的乳化液回到乳液净液箱。

循环润滑油系统的主体设备由西班牙罗泰克公司提供（包括泵、储油箱、热交换器等），安装在金属的基础上，是闭路循环系统。主要起到为轧机轧台内的运行部件（轴承、齿轮等）提供润滑的目的。

6.2.4.1 轧机开机准备

打开轧机润滑油加热系统，待润滑油升温，将润滑油温度设定为 38~40℃。

检查轧机事故探针处于正确位置，检查确认事故探针工作正常。

检查确认轧机每一机架轧辊辊缝值及导向轮间隙。

轧机盖，试运转轧机，启动粗、精轧乳化液系统及无酸清洗系统，设置轧机每一机架乳化液压力及无酸清洗箱清洗液压力。

启动蜡液泵，启动蜡液加热装置，蜡液温度设定为60~80℃，检查确认涂蜡装置压缩空气压力及蜡液流量符合要求，启动工艺水及铸坯预修整系统冷却循环水。

启动2号剪，确认停止位置。

检查确认无酸清洗管路中无线头残留。

确认下游系统中生产设备已开启。

6.2.4.2 开机操作

启动入口夹紧辊，启动1号剪，再次启动轧机每一机架。

停止1号旋转废剪，引导铸坯通过铸坯输送轨道进入铸坯预修整系统（同时操作气动阀放下铸坯预修整系统校直上辊和校直侧辊）后进入轧机，待轧件出粗轧通过中间旋转废剪后，放下铸坯预修整系统刻棱和铣棱刀并调整，以确保刻棱、铣棱质量。

待铸机运行稳定后，停止旋转剪，使轧件通过摇臂的引导进入精轧机，轧机操作工需根据粗轧、精轧间轧件所受张力情况调节4H轧台转速以确保进轧顺利。

待轧件顺利通过精轧并开始绕线后，由轧机操作工调整减小11V轧台辊缝两圈。

待绕线机完成换卷后，由轧机操作工取样测量线径，并根据线径实际情况，调整相应轧机参数。

正常生产过程中，轧机操作工需每隔1h跟踪监测线杆线径一次并作出及时调整。

6.2.4.3 机停机操作

当铸机停止浇铸，铸坯全部引出铸机后放下1号夹紧辊、启动1号旋转废剪。

抬起铸坯预修整系统刻棱刀、铣棱刀，待铸坯通过铸坯预修整后，启动2号旋转废剪。

松开11V轧台辊缝2~3圈，待轧件全部通过粗轧机、精轧机后，打开轧机盖检查轧机内情况，确认轧辊、导向器、导向轮等部件是否需要更换并清理轧机内氧化皮等。

6.2.5 绕线机

绕线机是将产品卷绕形成需要重量和形状的线卷的集成系统，并将产品成卷放置到输送轨道上以便转运到后续压实打包工序，绕线机可满足直径 $\phi8$ ~ $\phi25$mm 铜及铜合金线坯的卷取。

精轧的产品从精轧机输送机座通过输送管，然后送至绕线机夹送辊，由其向下引入到绕线机头中。绕线机头（或旋转体）由一根蛇形管构成。当通过此管时，线杆形成线圈，落到托盘上。

绕线机既可生产紧密型线卷，也可生产梅花型线卷，线卷内径(*ID*)800mm，外径(*OD*)1600mm。

生产紧密型线卷时，线杆线圈的直径可由编程的绕线机速度振荡改变。绕线机速度在形成等于线卷内径的线圈所需的速度和形成等于线卷外径的线圈所需的速度之间变化。

生产梅花型线卷时，绕线机的恒定速度用于保持恒定的线杆线圈，轨道导向板器引导形成线卷的外径和内径。自由旋转的内径鼓由旋转体头支撑。

线卷完成时，可从绕线机下方将其移出。在托盘更换操作过程中，由旋转体持续形成的线材线卷临时被线卷收集翅收集。

6.2.6 压实打包机

压实打包机将线卷压实并打包捆扎，以确保线卷的密实度，方便存放和转运。

压实打包机由压实组件和打包组件构成，可实现自动捆扎和手动捆扎，可呈180°捆扎 2 根 PET 带或呈 90°捆扎 4 根 PET 带，可选择同时两个打包头使用或单独使用。

6.2.7 绕膜机

绕膜机是将压实打包后线卷的顶部和四周缠绕薄膜，防止线卷氧化以及受其他污染。绕膜机由顶膜分送器及预拉膜缠绕装置组成。

6.3 连铸连轧生产线运行故障及处置

6.3.1 炉区设备运行故障的处理

6.3.1.1 烧嘴回火

由于烧嘴堵塞等原因使火焰的喷射速度减慢，致使火焰经喷嘴被倒逼沿管道往回走，可燃混合物回到烧嘴混合管内燃烧，并发出强烈的爆破音，这种现象称为回火。

回火现象产生的主要原因是断裂的原材料、铜液、飞溅铜渣、破碎的耐火材料或来自堵塞出铜口的铜液倒灌、蝶阀部分关闭、总管的火力太小、空气-燃烧混合物流量突然中断、烧嘴处燃烧空间狭小。

A　回火的主要表现

(1) 保温炉吨位不断下降，铜液温度持续异常上升；

(2) 回火时，会发出“呜呜”声，当热电偶温度超过150℃时，鸣笛报警。

B　回火处理的应急措施

当竖炉出现回火后，在铜液未倒灌和铜液倒灌时处理方式不同。

(1) 铜液未倒灌时的处理方式：

1) 判断回火位置；

2) 确定回火的烧嘴；

3) 观察现场烧嘴位置是否已发红，若已通红，可马上关闭蝶阀；

4) 如颜色发暗，则用水冷却烧嘴回火器，并从观察孔中判断，是否应该马上关闭烧嘴阀门。

(2) 铜液倒灌时处理方式：

1) 及时冷却烧嘴阻火器，随时观察烧嘴内的铜液情况；

2) 将倒灌的烧嘴处火力调整为较大或最大，同时将上方火力降低至最小；

3) 必要时，关闭上方烧嘴火力；

4) 将上溜槽第三块活动盖板打开，可观察竖炉出铜口情况，必要时用吹氧管处理疏导，使炉内铜液尽快流出。

使用吹氧管处理时，要将上溜槽靠炉口处两烧嘴关闭；活动盖板一直打开，不仅方便随时观察出铜口情况，更主要是使竖炉内燃烧气体从此处喷出，提高出铜口温度；将上溜槽火力升至最大，以方便炉内炉渣的流出，随时对上溜槽清渣及疏通。

C　预防回火的措施

每半小时进行现场巡检，观察炉内炉料的变化及加料口处电解铜下降速度、铜砖温度、竖炉烧嘴声音等变化情况，及时调整各区域混合管的火力布局，确保不出现异常状况。

改变燃烧方式为：竖炉使用原料较杂，不确定因素较多，常导致烧嘴回火较频繁的现象，易使铜液倒灌堵塞烧嘴。可根据炉内铜原料的变化对燃烧方式进行相应调整，如采用哑铃法、倒三角形法、正三角形法等，在不同的实际情况下可确保各层熔化速度同步，烧嘴回火现象可大幅减少。

6.3.1.2　卡炉

由于竖炉内铜原料在烧嘴处熔化状态特点为“笔尖状”，故竖炉设计成由顶层到底层炉径依次缩小。有时，因铜原料投料零乱，被加入炉内的铜原料堆放也杂乱，由于其熔化速度不同，当竖炉各层火力变化不能及时随着铜原料量的变化而调整时，会造成各区域熔化速度不同步。当炉内铜原料直径大于竖炉炉径（竖炉变径区域）时，会悬挂在径缩处的耐火材料上，从而导致卡炉。

卡炉主要表现形式：保温炉吨位不断下降，铜液的温度会持续异常上升。

从竖炉底层烧嘴观察孔里可发现铜原料出现“烧空”现象。从上料监视屏上可看到加料口铜原料迟迟未落下。

预防措施：

（1）运行过程中确保竖炉出铜口处温度足够（1120～1150℃），铜液畅通；始终保证投料平稳、均匀，不能太满，以露出第一层铜砖作为投料信号。

（2）把好废料投入比例关，严格按工艺要求的比例投入。

（3）加大现场巡视力度，观察各烧嘴铜原料熔化的情况，及时调整各层火力。

6.3.1.3 竖炉出铜口堵塞

竖炉底部为倾斜平面，熔化的铜水沿斜面方向经出铜口流入上溜槽。开机时，当出铜口和上溜槽温度未达到开机要求，铜液在出铜口处形成冷铜，须及时清理，若未及时进行清理，随着冷铜的增加使出铜口越来越小，最终造成出铜口堵塞。生产过程中，如果加入的原料杂质含量过高，铜液中黏渣数量会增多，并在出铜口处形成堆积，造成出铜口堵塞。生产过程中，由于上溜槽耐火材料部分坍塌造成流道部分堵塞，引起出铜口处铜液液面上升，若未及时发现处理，易导致出铜口堵塞。停机时未按作业指导书要求对火力进行调整清理出铜口，造成下次开机出铜口堵塞。

出铜口堵塞主要表现形式：

（1）在上溜槽观察无铜水流入撇渣槽。

（2）竖炉烧嘴连续发生回火并堵塞。

（3）在一层烧嘴观察孔内能够见到炉内有熔化的铜液液面。

出铜口堵塞的处理：

（1）发现出铜口堵塞时：

1）若彻底堵塞，立即组织关闭各层所有烧嘴，避免铜原料继续熔化造成炉内铜液液面迅速升高，引起底层烧嘴的堵塞。

2）若部分堵塞，立即关闭中、顶层烧嘴，保留底层烧嘴继续燃烧（调至低火力），对炉内铜液进行保温，以便开展后续处理。

（2）增大出铜口处火力（辅助燃烧工具），并用吹氧管（铝芯）清理出铜口处冷铜，使出铜口与炉膛联通。

（3）对堵塞的烧嘴进行处理并点火，同时依次处理其他堵塞的烧嘴并点火。

（4）若炉膛内燃烧空间狭小，打通的烧嘴无法点燃，此时须拆下上溜槽，用吹氧管及辅助燃烧工具清理出铜口及炉膛内凝固的冷铜（径深约 800mm，左右约 500mm），将堵塞的烧嘴顺序依次打通（直径≥50mm）并与炉膛内空间联通，依次点燃烧嘴缓慢融化凝固的冷铜。

预防措施：

严格按《竖炉原料添加管理制度》及技术指令单要求进行加料。

竖炉开机前对其他区域温度进行确认，确保满足开机要求。

严格按作业指导书要求进行竖炉的开停机操作。

6.3.2 铸机运行故障的处理

6.3.2.1 铸机冷却水区域阀自动控制失效

（1）故障描述：铸机冷却水处于自动控制模式下，调整区域流量设置后，区域控制阀无动作，流量无变化。

（2）故障处理：将流量控制调节为手动控制，至现场手动调节流量控制阀至目标值。

6.3.2.2 钢带跑偏

（1）故障描述：生产过程中，钢带与惰轮或张紧轮轮沿侧边发生摩擦，发出摩擦噪声。

（2）故障处理：通过对张紧轮或惰轮四向调节螺杆的微调，调整钢带的运行轨迹，确保钢带运行正常无卡阻。

6.3.2.3 钢带漏铜

（1）故障描述：生产过程中由于钢带焊缝开裂，造成漏铜事故发生，此外由于钢带长时经受冷热交替，引起钢带的不均匀变形，当变形量过大，不足以紧密包覆铸轮时也会发生漏铜事故。

（2）故障处理：停机更换钢带。

6.3.2.4 倒坯

故障描述：开机时由于铜液温度过高或冷却水流量不足，铸坯未完全凝固导致铸坯无法输送至 1 号夹紧辊，发生倒坯事故；生产过程中由于铸坯开裂或铸造冷却水流量波动导致铸坯未完全凝固，发生倒坯事故；1 号夹紧辊出现运行故障，导致铸坯无法得到足够的牵引力，发生倒坯事故；引导铸坯进轧过程中，铸坯运行受阻，铸机操作人员未及时启动1号废剪，导致倒坯事故发生。

故障处理：开机时铸机操作人员发现铸坯有倒坯倾向时，应示意现场人员及时使用辅助工具引导铸坯进入1号夹紧辊，并及时调整铸造温度、冷却水流量以确保铸坯质量尽快好转，若无法将铸坯引导至1号夹紧辊，铸坯发生倾倒，应立即停止浇铸，进行处理。

生产过程中铸机操作人员发现铸坯开裂及铸造冷却水流量异常波动，铸坯存在断裂及倒坯倾向时，应在铸机操作台上按启动1号废剪，并放下1号夹紧辊，及时调整相关工艺参数（原料加入比例、氧含量、铸机水流量等），待铸坯质量恢复正常后，再次组织进轧。若无法完成上述操作，铸坯发生倾倒，应立即停止浇铸，进行处理。

开机时，1号夹紧辊、1号废剪出现运行故障，应立即停止浇铸，进行处理。

进轧时，铸坯运行受阻，铸机操作工应立即启动1号废剪，并启动1号夹紧辊瞬间加速，以防止倒坯事故发生。若加速无效，应立即停止浇铸，进行处理。

6.3.2.5 放炮

（1）故障描述：开机时由于铸造模腔内未充分干燥（残留有水分）或钢带包覆铸轮不够，导致开机时铜液进入铸造模腔后发生放炮事故。

（2）故障处理：若因放炮导致钢带变形严重，无法继续生产，应停机更换钢带。

（3）预防措施：

1）开机前检查确认铸轮及钢带形成的梯形模腔内干燥无水分及其他异物。

2）生产过程中，加强对铸机运行情况的巡检，及时发现钢带异常变形，并及时处置。

6.3.3 轧机运行故障的处理

6.3.3.1 故障描述

生产过程中，因下线夹送辊过度磨损、11号轧辊打滑、轧台速度波动等导致轧机堆线。

6.3.3.2 故障处理

（1）操作打开轧机防护罩（粗轧、精轧）。

（2）用移动废剪剪短4号轧台入口处废杆。

（3）用破坏钳剪短7号、8号、9号、10号、11号轧台出口处废杆，并将精轧机相应轧台置于手动模式操作退线。

(4) 将粗轧机相应轧台置于试车模式，操作粗轧废杆退线，利用铸坯预修整系统前移动废剪清理废坯。

(5) 再次确认相关工艺参数、设备状况等。

(6) 绕线机紧急情况处理以及注意事项。

(7) 收集翅出现异常，木托盘还未到位便自动打开，线卷掉在 3 号轨道上时，启动 2 号旋转剪，人工或利用叉车清理线卷。

(8) 木托盘运输异常（卡住时），手动调整木托盘角度，倘若收集翅上的线卷重量达到 1t 时木托盘还未就位，启动 2 号废剪；或木托盘就位后卷重达到 1t，收集翅不能打开时，利用 3 块木头托起线卷打开收集翅。

(9) 当压实机轨道不能正常运行或出现其他异常时，为了生产的连续，利用叉车从 3 号轨道叉出线卷，然后手动打包并套袋。

(10) 线卷在 5 号、6 号、7 号轨道上不能正常运行时，利用叉车拖走线卷，并及时清理木屑。

(11) 每当线卷在下降过程中以及下降到 3 号轨道上时，操作人员须离开 2 号木托盘称重轨道，避免造成木托盘称重误差。

(12) 4 号轨道整理完线卷头后，启动 4 号线卷称重轨道“pallet advance（托盘向前）”时和 4 号称重轨道运行过程中，操作人员须离开轨道，避免造成线卷称重误差。

(13) 当轧机堆线或绕线机异常停机后，蛇形管内还有线杆时，在 1 号夹送辊处剪断线杆，把线杆缠绕在绕线机挡板上，直到线杆全部清除。

7 上引—连续挤压工艺及设备

上引—连续挤压工艺技术在众多接触线工艺技术中，在挤压成型技术领域是一项比较新的技术。其工艺及设备具有较大的创新空间和发展空间。下面主要对连续挤压技术、上引—连续挤压工艺及设备，以及具体案例进行介绍。

7.1 连续挤压技术

7.1.1 连续挤压技术原理

连续挤压主要由4大部件构成：挤压轮、挤压靴、挤压模及堵头。

挤压轮有凹形沟槽，它由驱动轴带动旋转。挤压靴是固定的，与挤压轮相接触的部分为一个弓形的槽封块，该槽封块与挤压轮的包角一般为90°，起到封闭挤压轮凹形沟槽的作用，构成一个方形的挤压型腔，相当于常规挤压筒，不过这一方形挤压筒的三面为旋转挤压轮凹槽的槽壁，第四面是固定的槽封块。堵头固定在挤压腔出口端，其作用是把挤压型腔出口端封住，迫使金属只能从挤压模流出。挤压模若安装在堵头上为实行切向挤压，若安装在靴块则实行径向挤压。多数情况下，挤压模安装在靴块上，因为这里有较大的空间，允许安装较大的挤压模，以便于挤压尺寸规格较大的管材和型材。当从挤压型腔的入口端连续喂入挤压坯料时，由于它的三面是向前运动的可动边，在摩擦力的作用下，轮槽咬着坯料，并牵引着金属向模孔移动，直到碰到堵头。在堵头前面的附近区域，坯料达到屈服而充满轮槽，使得槽壁和坯料间的摩擦力增大，变形区的压力进一步升高，最后达到将坯料从凹模孔挤出所需的压力，迫使材料从模孔流出。

连续挤压过程不用润滑，主要由摩擦力产生高压和高温，因其结构合理，迅速得到发展。近20年来出现了单轮单槽、单轮双槽、双轮单槽和连续铸挤等多种结构形式的工业用连续挤压机，铝、铜等有色金属的连续挤压工艺日臻成熟，已广泛应用于铝及铝合金中小管材、型材和双金属导体及电缆包覆等生产，但是，在铜及铜合金加工中，由于铜材的高温变形抗力、变形温度比铝材高，所以在新产品开发上仍然存在很多问题，需在现有的研究基础上优化连续挤压工艺。

7.1.2 连续挤压过程的工艺参数

连续挤压过程的工艺参数主要有挤压速度、挤压温度、溢料间隙以及挤压比。

挤压速度是连续挤压金属出模的速度，挤压速度由挤压轮的转速提供。挤压速度与温度密切相关，因此要确定合理的挤压轮转速-温度的匹配关系。

挤压温度是连续挤压的一个重要工艺参数。为了制定合理的挤压温度，需要掌握坯料高温变形时的流动应力、变形特征。

金属溢料是连续挤压过程中特有的产物。通过控制合理的溢料间隙可产生适宜的溢料和保证挤压过程的正常进行，合理的溢料间隙会使金属在溢料处出现拉应力，这有利于坯料表面的杂质从溢料口流出，从而提高产品的表面质量。

挤压比是反映挤压变形的重要参数。为避免产生挤压制品表面粗糙和挤压裂纹，应选择适当的挤压比；要获得较高的力学性能，根据连续挤压力的生产能力，应尽量选择大的挤压比进行挤压。铜合金的连续挤压变形抗力大，一般把挤压比控制在 20 以下。

挤压铝坯料时，由于咬入段与坯料间有很高的摩擦系数，铝易黏附于轮槽和工具表面，实际所需的咬合长度很短。

由于铜及铜合金与铝相比，其变形抗力、变形温度都很高，因此在连续挤压过程中，一定要解决好以下几个非常重要的工艺问题：

（1）铜变形温度。铜在 750～900℃时的塑性最好，因此，在此温度范围内既能使铜易于成形，又能减小变形抗力。为了保证在型腔内达到这一温度，就要确保合适的有效摩擦长度。

（2）挤压轮转速。挤压轮转速决定着挤压速度，即生产速度，但转速过高会增加不均匀变形程度和变形热量，从而降低模具寿命。

（3）模具强度。铜在变形时温度很高，变形抗力也很大，并且挤压过程是连续进行的，模具冷却比较困难，因此，对模具的高温强度提出了很高的要求，在保证生产出合格产品的同时，模具又不被破坏是该生产方法成功的关键。

挤压是许多工艺参数共同作用的过程，要获取一组最优的工艺参数组合并不容易，目前仍在探索阶段。连续挤压制品容易出现充不满、夹杂、气泡、冷隔、硬度超标等缺陷，为防止此类缺陷产生，严格控制杆坯表面质量、含气量、夹杂、性能一致是前提，严格控制工装模具配合是保障，不断完善生产工艺是关键，包括采取合理的挤压温度-速度制度、一模多出，开机前模腔整体预热等方法，可减少缺陷发生几率。

目前，实心制品只能实现纯铜和低含量铜银合金的连续挤压，对于再结晶温度较高的铜锡、铜镁合金乃至黄铜、青铜制品，连续挤压还没有完全实现，工装模具耐高温、耐高压性能受限是瓶颈。

7.1.3 连续挤压技术研究进展

7.1.3.1 国外研究进展

国外关于连续挤压基础理论部分的研究主要有：高温（800~850℃）挤压理论，连续挤压应力应变场、速度场、金属流动规律、温度场、连续挤压设备和工模具设计方法等方面的模拟研究和数值计算与模拟分析。该研究为由 Springfield 研究所和阿斯顿大学合作进行，很少对外报道，所用方法为上限法和有限单元法。国外连续挤压除纯铝外，还对 3000 系、5000 系、6000 系和 7000 系等许多铝合金进行了连续挤压研究，并取得了进展。除了英国和我国将连续挤压技术进行了工业化推广，国际上的其他一些国家，如韩国、日本、芬兰等国一直都处在实验室研究和学术论文的阶段。

7.1.3.2 国内研究进展

我国连续挤压技术经历了 20 多年的发展，从开始时的仿制、改进，到拥有自主知识产权的再创新，已经成为国际上连续挤压技术和装备的制造大国和应用大国。铜连续挤压作为铝连续挤压技术的延伸与发展，一直备受国内外学者和研究机构的重视。但由于铜的变形温度高、变形抗力大及工装模具强度的限制，发展一直缓慢。在多年研究铝连续挤压技术经验的基础上，1999 年，我国几乎与国外同步开始研究铜连续挤压技术，攻克了挤压轮槽、腔体结构和模具材料等一系列技术难关后，成功研制了 TLJ300 铜扁线连续挤压生产线，在四川金瑞和绍兴力博率先应用并获得成功。

2003 年，大连交通大学和铁道部科学研究院合作提出将连续挤压应用于接触线的制造技术，并开展了相关试验研究，用 ϕ16mm 的铜银上引铸杆在 TLJ350 挤压机上扩展挤压成 ϕ20mm 的线坯，然后拉拔成 120mm^2 的电车线获得重大成功。近年来，我国电气化高速铁路迅猛发展，由于铁道部确定我国高速铁路接触线采用铜镁合金，铜镁合金接触线的连续挤压工艺正在紧锣密鼓的研究中，有望实现铜镁合金接触线的国产化。

2003~2007 年昆明理工大学对连续挤压包覆（CONCLAD）过程进行了数值模拟，对 CONFORM 连续挤压初始阶段进行了三维数值模拟，对锌包钢线复合材料连续挤压包覆工艺进行了研究。

2004 年，大连交通大学对铜铝连续挤压进行了研究，2005 年对铜材接触线连续挤压进行了研究，2006 年，对铜扁线连续挤压成型过程进行了数值模拟，并对银铜连续挤压工艺进行了研究，2007 年，对铜连续挤压工艺过程中的温度进行了分析，同时运用有限体积法对连续挤压过程进行了数值模拟，2009 年，对铜、铜铝复合线连续挤压扩展成形温度场进行了分析，2010 年，研究了连续挤压杆坯直径的工艺影响。

2008 年，大连交通大学研究了黄铜连续挤压过程中，变形温度及应变速率对变形抗力的影响。研究表明，在不同变形条件下，应变速率保持不变时，变形温度越高，稳态变形阶段的流变应力越低；变形温度保持不变时，应变速率越低，稳态变形阶段的流变应力也越低；H65 黄铜存在低温脆性，在低温时压缩出现断裂，连续挤压 H65 黄铜需要预热提高其塑性；根据压缩后的金相组织，说明 H65 黄铜在 400℃左右发生了由 B 相转变成脆性 B′相的相变。H62 黄铜在 450℃左右发生了动态再结晶。2010 年，实现了对 H65 黄铜连续挤压成型过程的数值模拟，并通过实验验证得出 H65 黄铜连续挤压工艺优化参数：挤压轮转速 6rad/min，坯料进给速度 15mm/s，坯料与模具间摩擦系数 0.95，坯料与压实轮间摩擦系数 0.35。

2009 年，江苏科技大学对银铜合金连续挤压工艺进行了研究，分析讨论了银铜合金连续挤压工艺特点及挤压温度、挤压轮转速、挤压比、溢料间隙对连续挤压制品质量的影响。通过理论分析和计算，确定了银铜连续挤压的挤压温度为 480~500℃；合理的挤压轮转速需根据挤压温度进行选择。

2010 年，大连交通大学对铜镁合金线材连续挤压变形过程进行数值模拟，分析变形区坯料的温度场与速度场，研究其扩展变形行为，分析了扩展腔内各部分变形坯料的宏观硬度和微观组织。其根据 TL/400 连续挤压机建立有限元模型，将模拟参数设定为：坯料为 ϕ20mm 的铜镁合金棒材，产品为 ϕ25mm，工模具材料为 H13，压实轮压下量 6mm，挤压轮转速 6rad/min，模具初始温度 450℃，坯料初始温度 20℃，坯料与挤压轮的摩擦系数为 0.95，坯料与型腔、模具的摩擦系数为 0.3。模拟显示：坯料在与挡料块接触的区域，变形流动最快，剪切变形最剧烈，变形温度最高，坯料与模具之间滑动摩擦最严重，所以此处是模具产生疲劳失效的危险区。参照过程模拟的数据进行铜镁合金连续挤压试验，表明铜镁合金线材连续挤压变形，扩展腔内坯料变形温度与流动速度分区明显，坯料变形程度逐渐减弱，变形温度逐渐降低。

7.2　上引（水平连铸）—连续挤压工艺

7.2.1　主要设备

铜材连续挤压生产线的主要设备由放线装置、矫直剪断装置、连续挤压主机系统、冷却与防氧化装置、涂油装置、收排线机等设备组成。拉拔生产线设备主要由制动式跟踪放排机、探边送料装置、四辊导向机构、拉拔机构、液压系统（泵电机组、压力控制单元、热交换器、滤油器、阀块、油箱等组成）、前排方切割机构、移料机构、输送辊道、全自动夹紧锯切装置、定尺装置、卸料装置、码垛装置和电气柜及触摸屏电控系统（包括控制台、继电控制柜和西门子PLC昆仑通泰触摸屏等关键电气元件）等组成。

7.2.2 工艺流程

上引无氧铜线坯放线装置→矫直、剪断、自动送料→连续挤压→冷却（水冷、风冷）→计米→收线。

7.2.3 主要案例

7.2.3.1 案例一：TLJ250连续挤压机挤压工艺操作

A 挤压间隙调整

TLJ250连续挤压机的挤压间隙需控制在0.2~0.4mm。间隙过小则易造成挤压轮表面与模腔工作面磨损。由于模腔的加工误差，更换新模腔后会使原挤压间隙发生变化，因而必须对间隙进行重新检测及调整。

（1）检测方法：首先将模腔装上模腔盖并按实际工作状况装入靴座，将直径为ϕ1~2mm的铅丝用胶布固定在模腔工作面上。然后启动液压站，闭合靴座，并压紧靴座，取出铅丝测量铅丝的厚度值，即为挤压间隙。

（2）调整方法：在挤压间隙值过大或过小时，可通过在模腔底部增加垫片以减小挤压间隙，或减少垫片以增大挤压间隙。

B 刮刀调整

刮刀的调整（图7-1）应遵循下述要求。工作间隙调整：刮刀的工作刃口与挤压轮表面的间隙称为工作间隙。工作间隙值约为0.3mm左右，调整时应尽可能保证左右间隙相等。伸入轮槽中的头部刃口与挤压轮沟槽侧面之间的缝隙左右尽可能对称。当刮刀与挤压轮不够匹配时，应进行修磨。

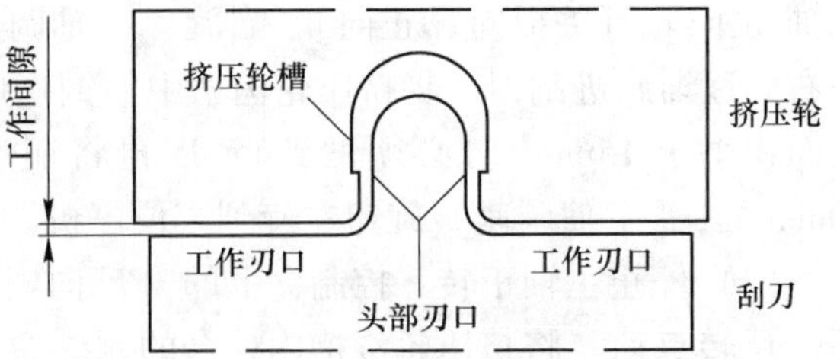

图7-1 刮刀调整示意图

C TLJ250连续挤压机开机操作及生产工艺控制

a 开机前检查

（1）检查液压润滑系统油箱的油位和油温，冷却系统水箱的水位，不足应立即补充。

（2）检查外循环冷却水压力（大于 0.3MPa）和压缩空气压力（大于 0.4MPa）。

（3）检查防氧化保护管快速接头中的密封垫圈是否完好及工作间隙是否合适。

（4）检查压实轮压下位置是否合适，碟形弹簧是否紧固到工作位置及各种开机量具、工具及测量挤压温度用的热电偶是否齐备。

b　备料

（1）铜杆料置于放线盘上，将校直轮开口调大使铜杆穿过校直装置，再将校直轮开口调至工作位，将铜杆料拽至主机前一定位置。

（2）开机预热用料需准备好长 70~100mm 左右，宽边 9~10mm、截面积30~35mm^{2}的铜扁线 15 根左右。

c　模具安装

（1）根据产品截面积选择适合的模腔、模具和模腔盖。

（2）将模具装入模腔，用模腔盖将模具固定于模腔中，通过定位螺丝将模腔盖正确定位在模腔上。

（3）将上述装配好的模腔与对应的挤压间隙调整垫一起装入打开的靴座中，从模腔进料口用螺丝刀将模具进一步调正，通过导板、压板将模腔固定压紧。

d　开机

（1）根据铜扁线产品规格选择收排线控制模式：截面积小于 10mm^{2}采用摆臂控制；大于 10 mm^{2}采用张力控制。

（2）将收排线机置于待机工作状态。[主轴调速] 旋钮左旋到零位，[反向-主轴-正向] 开关扳向 [正向]，右旋 [主轴调速] 旋钮使主轴转速保持在5r/min 左右。逐渐旋进刮刀，将挤压轮沟槽中的铜疙瘩料刮去约 3/4（尤其当挤压产品截面积小于 15mm^2 时必须做到）；后再将铜疙瘩料端部转至刮刀上部约 30~50mm 处，[主轴调速] 旋钮左旋到零位停机。

（3）停止主轴正转，控制盒上的 [反向-主轴-正向] 开关置于 [反向]，按下 [反转点动] 将挤压轮沟槽内残余的铜疙瘩料转至刮刀上部约 30~50mm 处停止，刮刀进到工作位置。

确认压紧装置打开。

（1）启动 [液压油泵]，扳动控制盒上的 [开-靴座-合] 到 [开] 位，合上靴座。

（2）将压紧装置转到工作位置并保持压紧横梁与机架之间留有约 5mm 间隙压紧靴座。

（3）将控制盒上的 [反向-主轴-正向] 开关置于 [正向]，[主轴调速] 旋钮左旋到零位。

（4）将热电偶由靴座背部的孔中插入模腔并固定，插入时应确保到位。

（5）关闭保护管前喷水阀门，打开保护管后喷水阀门。

（6）按控制盒上相应的启动按钮，依次启动［润滑油泵］、［冷却水泵］，按下［主轴启停］按钮。

e 生产

（1）右旋［主轴调速］旋钮使主轴转速保持在5~7r/min左右。当挤压轮槽中的铜疙瘩料完全进入压实轮凸缘与挤压轮槽之间进料口，挤压轮再转过约1圈后，立即在压实轮凸缘与挤压轮槽之间进料口中放入一根长70~100mm左右铜扁线并用力推送（铜扁线加入时应保持横截面倾斜立放）。

（2）间隔约100mm距离再加入第二根同样长度的铜扁线。

（3）以后每隔约100mm距离依次加入其余短铜扁线，直至温度升至约250~300℃左右时，将杆料送入压实轮凸缘与挤压轮槽之间的进料口。

（4）在加短料的同时安排人观察靴座背部出料口情况，当产品顺利挤出后借助工具将其及时导入保护管，导入后拉动保护管将其接头套在靴座背部出口管上，但不要锁紧。

（5）打开冷却水槽盖，在水槽内保护管出口处注意观察，待产品一出头，迅速用手牵引通过水槽、导向辊、吹干器等装置，在水槽出口处设专人手工连续牵引产品。

（6）然后锁紧保护管接头，适当调整产品冷却槽中各导向辊的位置，合上并锁紧吹干器，调节压缩空气阀门使产品表面无水分。

（7）适当调整冷却装置三个喷水阀门，保证产品无氧化为宜。

在涂油装置中适量兑入变压器油及甲苯溶液，以减少产品存放及运输过程中的氧化。

D TLJ250连续挤压生产线挤压轮挂铜

用丙酮将挤压轮沟槽、工作面和模腔鼻子、工作面擦拭干净。

（1）在模腔内装一个截面积30~40mm^{2}的模具，用模腔盖固定后与对应的挤压间隙调整垫一起装入打开的靴座中，并通过导板、压板固定压紧。

（2）确认压紧装置打开，启动液压油泵，扳动控制盒上的［开-靴座-合］到［开］位置，合上靴座，将压紧装置转到工作位置将靴座压紧。

（3）准备两根长300mm左右的ϕ8mm铜杆，一端磨成锥形；两根宽7mm、厚3~4mm相同长度的铜扁线。

（4）再准备200mm左右长的ϕ8mm铜杆3~4根。将它们一同加热到约550~600℃。

（5）另外准备3~5m长经校直后的ϕ8mm铜杆备用（不加热）。

（6）当铜杆料及铜扁线已加热到合适温度后，按下控制盒上相应的启动按钮，依次启动［润滑油泵］、［冷却水泵］，相应的指示灯亮。

（7）扳动控制盒上的［反向-主轴-正向］开关，使［正向］灯亮，［主轴调速］旋钮左旋到零位。

（8）用刻丝钳夹住已经加热好且一端磨成锥形约300mm长的铜杆，锥形端在前用力推入挤压轮与压实轮之间进料口，同时用另一把刻丝钳夹住加热好的等长铜扁线垫在铜杆下面，铜扁线的前端比铜杆的前端向后错开约30mm。

（9）然后按下［主轴启停］按钮，右旋［主轴调速］旋钮使主轴转速保持在5r/min左右。

（10）主轴转动，同时用力推送铜杆料及铜扁线，待已经加进去的铜杆料及铜扁线完全由压实轮咬入挤压轮后，再寻找挤压轮槽表面未挂上铜的位置，在此位置前错开约100mm左右且轮槽内有铜层部位按相同方法加入另一组铜杆料及铜扁线，以后依次加入剩余加热的铜杆料直至挤压轮沟槽表面完全挂上铜。

（11）若所有热铜短料全部加入后，挤压轮沟槽表面铜层仍有断开情况，可在轮槽内有铜层部位继续送入3~5m长的冷铜杆以确保挤压轮沟槽表面完全挂上铜。

E　TLJ250连续挤压生产线挤压模具

在铜扁线的连续挤压生产中，挤出产品的实际测量尺寸比模口尺寸要小，即产品挤出后会产生收缩。因此在设计加工模具时，模口尺寸应放大一定的余量，即产品的收缩量，这样才能保证挤出的产品符合要求。由于模具的收缩量很难确定，设计参考如下：

（1）产品 $b/a \leqslant 4$ 时，$a_{模具}=a_{产品}+(0.08\sim0.10)\mathrm{mm}$，$b_{模具}=b_{产品}+0.06\mathrm{mm}$。

（2）产品 $b/a \geqslant 4$ 时，$a_{模具}=a_{产品}+(0.10\sim0.12)\mathrm{mm}$，$b_{模具}=b_{产品}+0.08\mathrm{mm}$。模具圆角尺寸一般等于产品圆角尺寸，或增加0.05mm的收缩量。以上述规则确定收缩量，但是产品尺寸不符合要求时需要对模具进行修磨才能挤出合格的产品。铜扁线挤压按产品截面积不同提供两种常规形式的挤压模具，Ⅰ型模具适于挤压截面积小于15mm²以下且 b 边尺寸不大于8mm的产品，Ⅱ型模具适于挤压截面积大于15mm²以上且 b 边尺寸不大于12mm的产品。

F　拉拔机组操作规程

对生产所需的拉拔模具进行仔细检查，确认模具内部光洁、无损伤，然后将模具尽可能正地安装在拉拔主机上。

（1）将已完成轧头的挤压铜排放置于放排装置上，穿过五辊矫直和拉拔模具，开始拉拔，拉过第一个移料小车后停止，切断，测量产品尺寸是否满足订单规定的技术要求，测量和观察铜排的平直度，根据结果调整模具安装，如此反复直到拉出来的铜排各项要求达到标准。

（2）将操作箱上“拉拔-回程”旋钮旋向“回程”，拉拔主油缸快速伸至前排方侧，拉拔钳口闭合，自动允许指示灯 HL27 亮，输入自动指令（“手动-自动”旋钮旋向“自动”侧，“自动”按钮处按下“启动”按钮），此时，主油缸活塞杆开始拉拔。拉拔钳口逐段经过移料小车，触动行程开关，小车依次前进至恰当位置，停止，机械手伸至铜排下方。

（3）主油缸继续拉拔，至“拉拔到位”后停止、卸压。

（4）锯切油缸快退，到位，移料小车（移动速度应多次修改变频器参数，达到快慢一致）都退到位后，机械手释放，铜排存放于输送辊道上。

（5）事先根据铜排生产的尺寸要求，将送料辊道挡板调整到适当的位置，挡板到成品锯的距离即为产品尺寸。

（6）成品锯位置操作员踩下送料辊道开关，直至铜排前端顶住挡料板，踩下成品锯开关将铜排切断，按下翻料开关，将铜排翻到码垛装置。

（7）配合试验室及时取样分析，确保产品各项指标满足生产订单的相关要求。

（8）在铜排不断的拉拔生产过程中，生产人员全程监控产品表面质量，一旦有超出产品标准的损伤、划痕、缺陷等，应当立即停机，查找原因并处理方可继续生产。

7.2.3.2 案例二：TLJ500 连续挤压机挤压工艺操作

A TLJ500 连续挤压生产线挤压间隙和刮刀调整

挤压间隙是指在靴座闭合状态下腔体密封面和挤压轮表面之间的距离。挤压间隙是连续挤压机重要工艺参数，合理的挤压间隙可以控制最佳的废料量，使挤压工装寿命延长从而节约成本。挤压间隙的控制包括挤压间隙的测量和调节两个方面。间隙的测量方法为在腔体进料口两侧放置两个直径为 3mm 的铅丝，铅丝可用胶带固定在腔体表面，固定好后闭合靴座并开启压紧，等待 15s 左右后，开启靴座，测量铅丝厚度，即可获得挤压间隙值。合理的加压间隙要符合下述要求：对于 TLJ500 挤压机，挤压间隙控制在 1～1.2mm，进料口两侧间隙差不得超过 0.1mm，如能保证挤压轮和墙体表面不磨损，间隙尽量取比较小的值；对于载荷较大难于挤压的产品要取相对小的挤压间隙。挤压间隙的调整可通过在腔体底部或靴座肩部增减垫片的方式实现。

B TLJ500 连续挤压生产线挤压轮挂铜

在更换新的挤压轮或轮槽内铜层脱落后需要进行挤压轮挂铜操作，具体操作如下：

用丙酮将挤压轮沟槽、腔体挡料块及工作面擦拭干净→确认操作盒上的压紧/松开开关在松开位置→确认总控制台上的正转/反转开关在正转位置→确认生产

/检修开关在生产位置→接通总控制台上的总控电源开关→按下启动生产准备和启动产品冷却按钮，以启动液压泵、轴承润滑泵、减速器润滑泵和产品冷却泵。

在腔体内装一个截面积大于2500mm^{2}的模具，用腔体盖固定好后放入温控电加热炉内，升温至350~400℃并保温180min，然后与对应的调整垫一起装入靴座，并装上挡料块、导板、压板固定压紧。将操作盒上的二位开关扳向合靴座位置，合上靴座，放下摆臂，再扳动操作盒上的压紧/松开开关到压紧位置，压紧靴座。准备挂铜用料，8根长500mm左右的ϕ30mm铜杆，一端磨成锥形，将铜杆加热到750~850℃，另外准备3~5m长的ϕ30mm直铜杆备用（不加热）。确认压紧压力升至18MPa并稳定后，连续用工具夹住已经加热好且一端磨成锥形长约500mm的ϕ30mm铜杆二根送入挤压轮与压实轮之间的进料口（锥形端在前），迅速右旋［主轴调速］旋钮使主轴转速保持在3r/min。主轴转动的同时用力推送铜杆料，待已经加进去的铜杆料或扁线完全由压实轮咬入挤压轮后，再寻找挤压轮槽表面未挂上铜的位置，在此位置前错开约100mm左右有铜层的部位加入长度约500mmϕ30mm的热铜杆，依此类推直至挤压轮沟槽表面完全挂上铜。若热短铜杆料全部加入后，挤压轮沟槽表面铜层仍有断开情况，可在轮槽内有铜层部位继续送入3~5m长的冷铜杆以确保挤压轮沟槽表面完全挂上铜，然后送入长铜杆，机器连续运行5min后可以停机，完成挂铜。

C　开机操作及生产工艺控制

在液压站压紧压力升至18MPa并稳定后，按以下步骤进行：将开机所用短铜杆提前60min加热到750~850℃，操作者A按下［启动主轴］按钮，调节［主轴调速］旋钮使主轴转速保持在3r/min后，当挤压轮槽中的铜疙瘩料完全进入压实轮凸缘与挤压轮槽之间进料口后，操作者B立即用工具夹住一根长500mm左右铜杆料放入压实轮凸缘与挤压轮槽之间进料口中送入轮槽，间隔约200mm距离再加入第二根长500mm左右的热铜杆料，以后每隔200mm距离由短到长依次加入其余热铜杆料，直至挤压温度升至370~420℃时，将生产用的坯料送入挤压轮槽并被压实轮咬入，此时生产人员在水槽产品出口处等产品出来。预热加入总的热短料数量要求在8根以上，方可送入上引坯料。

D　工艺流程

工艺流程如图7-2所示。

E　TLJ500连续挤压生产线挤压模具

TLJ500设备配备有两种腔体和对应的模具，当挤压产品宽度小于或等于200mm时，使用小腔体并使用74×260mm的模具，当挤压产品宽度大于200mm时，使用大腔体及110×390mm的模具。挤压宽度大于200mm的铜排时，需要将模具反装，模具厚度要根据所使用的铜杆情况进行调整。一般铜杆较硬时，需要

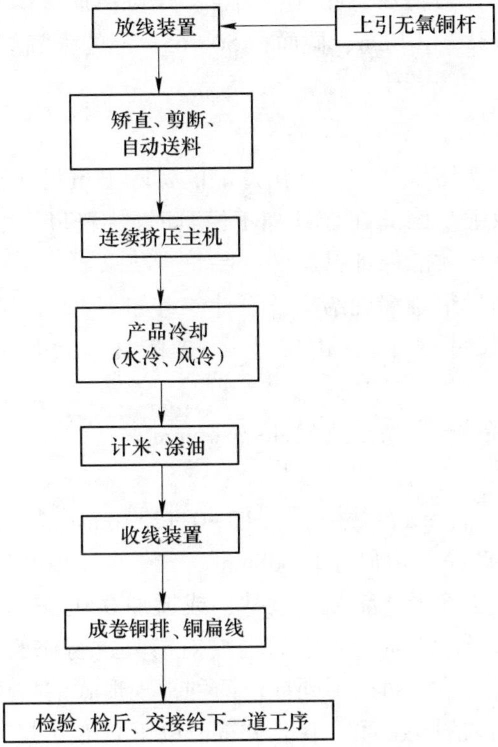

图 7-2 上引连铸工艺流程

的模具厚度可以适当减小，模具厚度 H 及模具装配参考模具装配表。挤压产品宽度小于 200mm 时，需将模具正装，挤压的产品厚度每减小 2mm，模具厚度减小 5mm。

7.2.3.3 案例三：TLJ300 连续挤压机挤压工艺操作

A 开机准备

检查各类装置。检查液压润滑系统油箱的油位和油温、冷却系统水箱的水位，不足立即补充，并检查外循环冷却水压力（大于 0.3MPa）和压缩空气压力（大于 0.4MPa）。检查防氧化保护管快速接头中的密封垫圈是否完好，以及刮刀工作刃口与挤压轮之间的工作间隙是否合适（0.3mm 左右），并检查压实轮压下位置是否合适，碟形弹簧是否紧固到工作位置，操纵盒上的［压紧/松开］开关是否位于［松开］。检查挤压轮槽内的铜疙瘩料是否在刮刀上部约 20~40mm 处，否则应反转主轴，使其转到上述位置，注意铜疙瘩料不能碰到刮刀，检查各种工具、量具及测量挤压温度用的热电偶是否备齐。

然后备料，开机预热料，将生产坯料（ϕ12.5mm 上引杆）放置于放线盘上，使铜杆穿过校直装置，再将校直轮开口调至工作位；加短铜扁线开机，准备好长 120mm 左右，宽边 13.2~14mm、截面积 50~65mm^{2}的铜扁线 3~4 根，长 200mm 左右，同样规格的铜扁线若干。

B　安装模具

在铜扁线的连续挤压生产中，挤出产品的实际测量尺寸比模口尺寸要小，即产品挤出后会产生收缩。因此在设计加工模具时，模口尺寸应放大一定的余量，即产品的收缩量，这样才能保证挤出的产品符合要求。

由于模具的收缩量很难精确给出，设计参考如下：

（1）产品 b 边尺寸/产品 a 边尺寸≤4：模具 a 边尺寸 = 产品 a 边尺寸 +（0.08~0.10）mm。

（2）模具 b 边尺寸 = 产品 b 边尺寸 +0.06mm。

（3）产品 b 边尺寸/产品 a 边尺寸≥4：

模具 a 边尺寸 = 产品 a 边尺寸 +（0.10~0.12）mm；

模具 b 边尺寸 = 产品 b 边尺寸 +0.08mm。

模具圆角尺寸一般等于产品圆角尺寸，或增加 0.05mm 的收缩量。由上述规则确定收缩量，产品尺寸不符合要求时需要对模具进行修磨以挤出合格的产品。另外，铜扁线挤压按产品截面积不同提供两种常规形式的挤压模具（特殊规格可采用Ⅲ型或Ⅴ型等），挤压截面积小于 25mm^{2}以下且 b 边尺寸不大于 12mm 的产品，采用小截面尺寸模具（Ⅰ型）；挤压截面积大于 25 mm^{2}以上且 b 边尺寸不大于 18mm 的产品，采用大截面尺寸模具（Ⅱ型）。

C　开机

选择收排线控制模式：截面积小于 30mm^{2}采用摆臂控制，大于 30mm^2 采用张力控制。将收排线机置于待机工作状态。产品冷却槽内的导向、吹干器等打开。

D　挤压间隙的检测和调整

合理挤压间隙是保证挤压生产能否正常进行的一个重要工艺参数。间隙过大将造成溢料增加，同时使挤压温度升高，甚至挤不出产品；间隙过小则易造成挤压轮表面与模腔工作面磨损，损坏挤压轮与腔体。由于机械加工误差，更换新模腔或者挤压轮后会使原挤压间隙发生变化，因此必须对间隙进行重新检测和调整。

E　TLJ300 连续挤压生产线挤压轮挂铜

用丙酮将挤压轮沟槽、工作面和模腔鼻子、工作面擦拭干净。启动液压泵、轴承润滑泵、减速器润滑泵和产品冷却泵。在模腔内装一个截面积大于 60mm^{2}的模具，用模腔盖固定后与对应的挤压间隙调整垫一起装入打开的靴座中，并通过导板、压板固定压紧。确认压紧缸处于非工作位置并由定位手柄可靠定位后，将操作盒上的三位开关扳向［合靴座］位，合上靴座。将压紧缸转到工作位置并用定位手柄可靠定位，扳动操作盒上的［压紧/松开］开关到［压紧］位，压紧靴座，相应的［压紧］指示灯亮。将压紧压力调至40~55MPa。同时准备一根长600mm左右的ϕ12.5mm铜杆，一端磨成锥形，一根宽10~12mm，厚4~5.5mm相同长度的铜扁线，再准备300mm左右长的ϕ12.5mm铜杆3~4根。将它们一同加热到500~550℃，另外准备3~5m长经校直后的ϕ12.5mm铜杆备用（不加热）。将总控制台上的［主轴转向］开关扳到［正转］位，［主轴调速］旋钮左旋到零位，当铜杆料及铜扁线已加热到设定温度后，按下总控制台上相应的［启动主轴］按钮。

确认压紧压力升至40~55MPa并稳定后，用刻丝钳夹住已经加热好且一端磨成锥形约600mm长的铜杆送入挤压轮与压实轮之间进料口，同时用另一把刻丝钳夹住加热好的等长铜扁线垫在铜杆下面，铜扁线的前端比铜杆的前端向后错开约10mm。迅速右旋［主轴调速］旋钮使主轴转速保持在5~6r/min。主轴转动同时用力推送铜杆料及铜扁线，待已经加进去的铜杆料及铜扁线完全由压实轮咬入挤压轮后，再寻找挤压轮槽表面未挂上铜的位置，在此位置前错开约100mm左右轮槽内有铜层部位加入长度约300mm热铜杆，依次送料直至挤压轮沟槽表面完全挂上铜。若所有热铜短料全部加入后，挤压轮沟槽表面铜层仍有断开情况，可在轮槽内有铜层部位继续送入3~5m长的冷铜杆以确保挤压轮沟槽表面完全挂上铜。

F 停机操作

转动剪断装置，剪断铜杆料，关掉冷却泵。随后关闭靠防氧化保护管接头处的喷水阀门，打开冷却槽中的挡水板，脱开防氧化保护管接头，由此处将保护管中的料尾剪掉并完成收线，拔出热电偶。将压紧缸转到非工作位置，并用定位手柄可靠定位。观察挤压轮沟槽，当沟槽中的铜疙瘩料端部转至刮刀上部约20mm处，停止反转。需保持工装冷却泵及润滑系统继续工作约5~10min左右，用手触摸挤压轮表面，估计温度约为50~60℃时停止，关闭挤压机。旋钮左旋到零位，以备下次开机。关闭液压站、润滑站等相关辅助设备。

7.2.3.4 案例四：TLJ400连续挤压机挤压工艺操作

A TLJ400连续挤压生产线工作条件

电网电压范围360~400V。设备环境温度不超过+40℃，24h周期内平均温度不超过+35℃。24h连续工作所有设备及电器元件温度不得超过其允许值。挤压机主电机上的过滤网应通畅。工装冷却水箱中水温保持在10~50℃，短时最高温度不得超过60℃。产品冷却水箱中水温在60℃以下。液压润滑系统的油温应在

10~45℃范围内，温度过低需进行加热。液压与润滑用油，液压系统油：L-HM46，每次换油需加注 280kg，轴承润滑油：L-HM46，每次换油需加注 150kg，减速器润滑油：L-CKC 220-320 号，每次换油需加注中型极压齿轮油，180kg。外循环冷却水压力≥0.5MPa，流量≥50t/h，水温≤40℃。压缩空气压力不得低于 0.4MPa。

B　TLJ400 连续挤压生产线挤压间隙和刮刀调整

挤压间隙检测方法有两种（图 7-3）。首先将腔体装上腔体盖并按实际工作状况装入靴座。然后将直径 ϕ2mm 左右铅丝用胶布固定在腔体工作面上。启动液压站，闭合靴座，将压紧压力调至 40MPa 左右并压紧靴座，保压约 5s~1min 后打开靴座。测量结果需符合下述要求：铅丝厚度应为 0.60~0.70mm 之间，铅丝厚度差值不超过 0.06mm，铅丝厚度应等宽或均匀变化，左右两侧铅丝同位置处的厚度差不应超过 0.05mm。

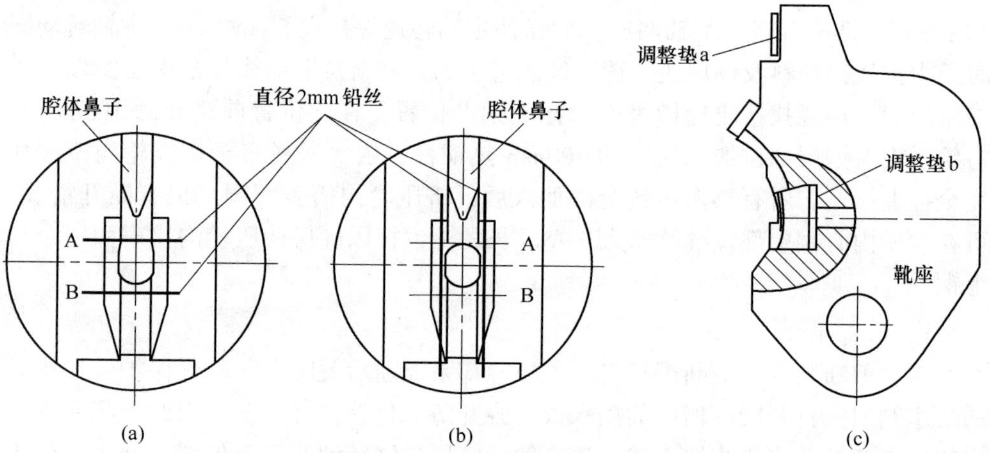

图 7-3　挤压间隙检测方法
（a）测量方式Ⅰ；（b）测量方式Ⅱ；（c）调整位置图

C　开机前准备

检查各项目是否正常。检查液压润滑系统油箱的油位和油温，冷却系统水箱的水位，不足应立即补充；确保外循环冷却水压力（大于 0.3MPa）和压缩空气压力（大于 0.4MPa）；检查防氧化保护管快速接头中的密封垫圈是否完好以及刮刀工作刃口与挤压轮之间间隙是否合适（0.3mm 左右）；检查压实轮压下位置是否合适，碟形弹簧是否紧固到工作位置；然后检查操纵盒上的［压紧/松开］开关是否位于［松开］位。检查挤压轮槽内的铜疙瘩料是否在刮刀上部约 20~40mm 处，否则应反转主轴。注意铜疙瘩料不要碰到刮刀，检查各种开机工具、量具及测量挤压温度用的热电偶是否备齐。

续表 1

铜及铜合金类别	w(Cu)	w(Ag)	w(Mg)	w(Sn)	w(Bi)	w(O)	w(Pb)	w(P)	其他杂质总和(≤)
铜镁合金[w(Mg)=0.2%]	余量	—	0.1~0.3	—	—	—		≤0.01	0.10
铜镁合金[w(Mg)=0.5%]	余量	—	0.4~0.7	—	—	—		≤0.01	0.10
铜锡合金	余量	—	—	0.15~0.55	—	—		—	0.10

注：铜类中，无氧铜的铜含量为 99.95%，氧含量≤0.0030%。

6　技术要求

6.1　截面形状、尺寸、角度及其偏差

接触线的截面形状为带有悬吊沟槽、合金种类识别沟槽的规则圆形。接触线的截面形状、合金种类识别沟槽、角度、尺寸及其偏差应符合图 1 和表 2 的规定。

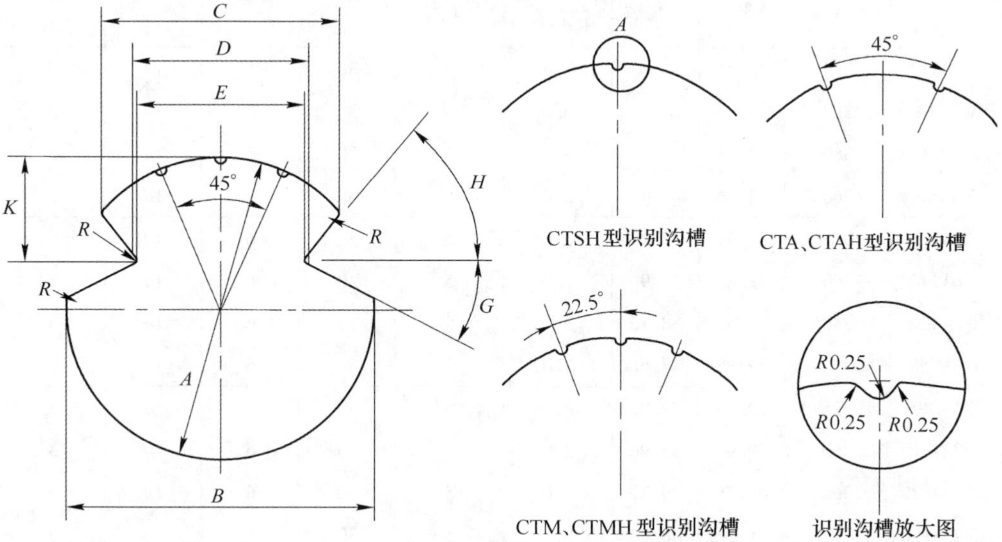

A — 截面直径（高度）；　D —（沟）槽底间距；　R — 圆角半径；
B — 截面宽度；　E —（沟）槽尖间距；　H — 上斜角；
C — 头部宽度；　K — 头部高度；　G — 下斜角

注：铜接触线（CT 型）不做识别沟槽

图 1　截面形状及合金识别沟槽配置

表 2　规格、尺寸、角度及参考单位质量

规格（标称截面积）/mm²	计算截面积 /mm²	尺寸及公差/mm							角度及偏差		参考单位质量 /kg · km⁻¹
		A ±1%	*B* ±2%	*C* ±2%	*D* +4% −2%	*E*	*K*	*R*	*G* ±1°	*H* ±1°	
85	86	10.80	10.76	9.40	7.24	6.80	4.60	0.40	27°	51°	769
110	111	12.34	12.34	9.73	7.24	6.80	4.47	0.40	27°	51°	992
120	121	12.90	12.90	9.76	7.24	6.80	4.35	0.40	27°	51°	1082
150	151	14.40	14.40	9.71	7.24	6.80	4.00	0.40	27°	51°	1350

注 1：截面积允许偏差为计算截面积的±3%；

注 2：参考单位质量按密度 8.94g/cm³ 计算。

6.2　机械性能

6.2.1　铜及铜合金接触线机械性能应符合表 3 的规定。

表 3　机械性能

型　号	抗拉强度 /MPa（不小于）	拉断力/kN（不小于）		伸长率 /%（未软化，不小于）	扭转圈数（至断开，不小于）	反复弯曲（至断裂）		卷绕	
		未软化	软化后			弯曲半径 /mm	次数（不小于）	卷绕直径	圈数（不小于）
CT85	375	32.25	—	3.0	5	30	6	1*d*	3
CT110	360	39.96	—	3.0	5	30	6	1*d*	3
CT120	360	43.56	—	3.0	5	30	6	1*d*	3
CT150	360	54.36	—	3.0	5	30	6	1*d*	3
CTA85	365	31.39	28.25	3.0	5	30	6	1*d*	3
CTA110	350	38.85	34.96	3.0	5	30	6	1*d*	3
CTA120	350	42.35	38.12	3.0	5	30	6	1*d*	3
CTA150	350	52.85	47.56	3.0	5	30	6	1*d*	3
CTAH85	375	32.25	29.02	3.0	5	30	6	1*d*	3
CTAH110	360	39.96	35.96	3.0	5	30	6	1*d*	3
CTAH120	360	43.56	39.20	3.0	5	30	6	1*d*	3
CTAH150	360	54.36	48.92	3.0	5	30	6	1*d*	3
CTM110	440	48.84	43.96	3.0	5	30	6	2*d*	3
CTM120	430	52.03	46.83	3.0	5	30	6	2*d*	3
CTM150	420	63.42	57.08	3.0	5	30	6	2*d*	3

续表 3

型号	抗拉强度/MPa（不小于）	拉断力/kN（不小于）		伸长率/%（未软化，不小于）	扭转圈数（至断开，不小于）	反复弯曲（至断裂）		卷绕	
		未软化	软化后			弯曲半径/mm	次数（不小于）	卷绕直径	圈数（不小于）
CTMH110	500	55.50	49.95	3.0	5	30	6	2*d*	3
CTMH120	490	59.29	53.36	3.0	5	30	6	2*d*	3
CTMH150	470	70.97	63.87	3.0	5	30	6	2*d*	3
CTS110	430	47.73	42.96	3.0	5	30	6	2*d*	3
CTS120	420	50.82	45.74	3.0	5	30	6	2*d*	3
CTS150	420	63.42	57.08	3.0	5	30	6	2*d*	3

拉伸试验速度 20mm/min~30mm/min，试样标距为 250mm，拉断力是接触线截面积为表 2 中计算值时应达到的值；

试样加热到 300℃±5℃保温 2h 后自然冷却，称为软化；

扭转试验速度为 15r/min~20r/min，单方向扭转，试样标距为 250mm；

弯曲试验应首先小圆弧面向内弯曲，试验速度应不大于 60 次/min；

d 为所进行卷绕试验的接触线的直径，大圆弧面向内卷绕，试样应无裂纹、起皮、开裂，试验速度不大于 10r/min。

6.2.2 振动试验

长度为 6m 的试样，在本条规定的张力条件下，经受振幅 35mm、频率 3Hz~5Hz、2×10^6次的振动试验（波形为正弦波）后，应无断裂。试验张力（试验时应考虑接触网张力增量系数：对于 8.4kN、10kN、15kN 为 1.10，对于 20kN、25kN 为 1.05）：

——8.4 kN 适用的接触线型号为：CT85、CTA85、CTAH85；

——10kN 适用的接触线型号为：CT110、CT120、CTA110、CTAH110；

——15kN 适用的接触线型号为：CT150、CTA120、CTAH120、CTM110、CTMH110、CTSH110；

——20kN 适用的接触线型号为：CTA150、CITAH150、CTM120、CTM150、CTMH120、CTS120、CTS150；

——25kN 适用的接触线型号为：CTMH150。

6.2.3 轴向疲劳试验

经受振动试验后长度为 6m 的试样，在 6.2.2 条规定的额定张力条件下，经受张力幅为 30%额定工作张力、频率 1Hz~3Hz、5×10^5次的轴向疲劳试验（波形为正弦波）后，从中截取三个标准试样，测其拉断力（未软化），其任一值应不小于表 3 中规定值的 95%。

6.3 电阻率

各种型号铜及铜合金接触线在 20℃时的电阻率如表 4 所示。

表 4 电阻率

接触线型号（不含规格）	电阻率（20℃）/$\Omega \cdot mm^2 \cdot m^{-1}$
CT	0.01777
CTA、CTAH	0.01777
CTM	0.02240
CTMH	0.02778
CTS	0.02395

6.4 制造长度

接触线的制造长度应符合订货合同要求。每根接触线在制造长度内不允许有焊接接头。

制造长度允许偏差为 0m 到+30m。

按质量交货时，每根接触线的交货质量按表 2 中计算截面积计算，不应超过订货长度与允许制造长度上偏差之和折算质量的 103%。

6.5 外观及卷取

铜及铜合金接触线表面应清洁、光滑，不应有硬弯、扭曲、折边、裂纹、毛刺、擦伤等与良好工业产品不相称的任何缺陷。

接触线小圆弧面上每间隔一段距离应有耐久的便于识别的工厂代号的标记。

铜及铜合金接触线应大圆弧面面向盘芯整齐紧密地卷绕在线盘上，每一层的匝间不应有空隙，不应有扭转、交叉、跳线现象，层间应垫衬电缆纸。接触线的里端应伸出侧板或筒体，牢固固定在线盘上；外端应固定在侧板内侧。

7 检验规则、试验方法及验收

7.1 检验规则及试验方法

7.1.1 应按表 5 规定对接触线进行检验。

表 5 检验规则及试验方法

序号	检验项目	不合格类别	技术要求	试验类型		试验方法
				型式试验	出厂试验	
1	外观及卷取	B	本标准 6.5	√	√	正常目力
2	尺寸	B	本标准 6.1	√	√	GB/T 4909.2—1985
3	角度	A	本标准 6.1	√	√	样板或专用仪器
4	拉断力（未软化）	A	本标准 6.2.1	√	√	GB/T 4909.3—1985
5	伸长率（未软化）	A	本标准 6.2.1	√	√	GB/T 4909.3—1985
6	拉断力（软化后）	A	本标准 6.2.1	√	√	GB/T 4909.3—1985
7	扭转	A	本标准 6.2.1	√		GB/T 4909.1—1985
8	反复弯曲	A	本标准 6.2.1	√		GB/T 4909.5—1985
9	卷绕	B	本标准 6.2.1	√		GB/T 4909.7—1985
10	振动试验	A	本标准 6.2.2	√		本标准 6.2.2
11	轴向疲劳	A	本标准 6.2.3	√		本标准 6.2.3
12	电阻率	A	本标准 6.3	√	√	GB/T 3048.2—1994
13	横向晶粒尺寸	B	本标准附录 A	√		GB/T 6394—2002
14	含氧量	B	本标准附录 A	√		GB/T 5121.17—1996
15	制造长度	A	本标准 6.4		√	用计米器测量
16	载流量	—	—	√		室内试验

尺寸检验不包括 *E*、*K*、*R*；

拉断力（软化后）试样按本标准表 3 的注 2 要求软化。

7.1.2 试验分类为型式试验和出厂试验。

型式试验：规定为每 3 至 5 年进行一次。有下列情况之一时，一般应进行型式试验：

a）产品定型；

b）正式生产后，如结构、材料、工艺等有较大改变可能影响产品性能时；

c）停产一年以上，恢复生产时；

d）出厂检验结果与上次型式试验有较大差异时。

出厂试验：对全部产品进行的试验。

7.1.3 同一生产条件下交货的同一型号、同一规格的产品为一批。抽样方案按 GB/T 2829 规定进行。采用判别水平为Ⅱ的一次抽样方案：

——A 类不合格质量水平 RQL=40，样本大小为 4，判定数组为［0，1］；

——A 类中，角度不合格质量水平 RQL= 30，样本大小为 16，判定数组为［3，4］；

——A 类中，长度、振动疲劳试验和轴向疲劳试验，不合格质量水平 RQL=80，样本大小为 1，判定数组为［0，1］；

——B 类不合格质量水平 RQL= 65，样本大小为 5，判定数组为［1，21］；

——B 类中，卷绕不合格质量水平 RQL=120，样本大小为 2，判定数组为［1，2］；

——B 类中，横向晶粒尺寸和含氧量不合格质量水平 RQL=120，样本大小为 3，判定数组为［2，3］。

7.1.4　不合格分类按表 5 规定。抽样试验合格，整批验收；抽样试验不合格，整批拒收。若有特殊要求，不合格质量水平 RQL 值由供需双方协商确定。

7.1.5　试验检测数值修约应符合 GB/T 8170—1987 规定。各项技术要求数值的修约间隔规定列入表 6 中。

表 6　数值修约间隔

技术要求项目	单　位	数据修约间隔
截面尺寸	mm	10^{-2}
沟槽角度	度	1
截面积	mm^2	1
制造长度	m	1
每盘质量	kg	1
拉断力	kN	10^{-2}
延伸率	%	10^{-1}
电阻率	$\Omega \cdot mm^2/m$	10^{-3}
扭转至断开	圈	1
弯曲至断裂	次	1
卷绕至出现裂纹	圈	1
横向晶粒尺寸	mm	10^{-2}
含氧量	%	10^{-1}

注：测定电阻率时截面积的数值修约间隔为 10^{-2}。

7.2　验收

7.2.1　铜及铜合金接触线应经制造厂的质量检验部门检验合格方能出厂。

7.2.2　每批产品交货同时按检验规则规定的出厂试验项目提供全面、完整的检验报告。

8　包装及标志

8.1　线盘

用于交货的线盘可以是木盘、钢盘或钢木盘，其技术性能应符合 JB/T

8137.2—1999 和 JB/T 8137.4—1999 要求，并应保证接触线装盘后在正常的吊装、运输及张力架线过程中不发生变形。线盘的外径 $d_1 \leqslant 1800$mm，外宽 $L_1 \leqslant 1400$mm，轴孔直径 $d_2 = 80$mm。筒体直径 d_2不得小于 900mm。

8.2 包装

8.2.1 接触线应卷绕在符合 8.1 规定的线盘上交货。最外层接触线距线盘侧板外缘的径向距离不应小于 50mm。成盘的接触线外面应包覆防潮、防腐、防水材料，然后用硬质材料包装牢固，应能承受正常吊装、运输中可能出现的碰撞。

8.2.2 除非合同注明，每个线盘只允许卷绕一根接触线。

8.3 标志

8.3.1 每盘接触线线盘上应有便于查找的牢固的标志，标明以下内容：

a）制造厂名；

b）产品名称；

c）产品型号；

d）制造标准代号；

e）长度；

f）毛重及净重（kg）；

g）出厂编号及生产日期（年、月、日）；

h）接触线放线方向的箭头。

8.3.2 每盘接触线应附有随带文件：

a）产品合格证；

b）出厂检验报告；

c）该盘产品的出厂编号、生产日期、型号、本标准号、长度、净重。

9 储运

9.1 运输中严禁从高处抛下装有接触线的线盘，严禁机械损伤产品表面。

9.2 线盘不允许平放及平放方式吊装及运输，以防线盘损坏及接触线排序混乱。

9.3 线盘滚动方向应与放线箭头方向相反。

附录 A
（资料性附录）
横向晶粒尺寸及含氧量要求

铜及铜合金的横向晶粒尺寸和含氧量要求如表 A.1 所示。用户对此如有明确要求应在订货合同中予以注明。

表 A.1　横向晶粒尺寸及含氧量

序　号	铜及铜合金	横向晶粒尺寸/mm	含氧量/%
1	铜、铜银、铜镁、铜锡	≤0.035	≤0.0030
2	铜、铜银、铜镁、铜锡	≤0.035	≤0.0300
3	铜、铜银、铜镁	≤4.000	≤0.0030

注：序号 3 的横向晶粒尺寸≤4mm 为柱状晶折算为等面积圆的直径。

附录 B
(资料性附录)
物理参数及载流量推荐值

B.1 本附录推荐值供用户参考，不要求检验。

B.2 密度

铜及铜合金接触线20℃时的密度值，可用GB/T 3048.2方法进行实测确定，或采用如下的推荐值：

——用无氧圆铜、铜银合金和铜镁合金杆制造的铜、铜银合金和铜镁接触线为8.94g/cm^3；

——用光亮圆铜、铜银合金杆制造的铜、铜银合金接触线为8.93g/cm^3；

——铜锡合金接触线为8.92g/cm^3。

B.3 电阻温度系数

铜及铜合金接触线的电阻温度系数如表B.1所示。

表B.1 电阻温度系数

接触线型号（不含规格）	电阻温度系数/K^{-1}
CT	0.00381
CTA、CTAH	0.00381
CTM	0.00185
CTMH	0.00185
CTS	0.00365

B.4 载流量

铜及铜合金接触线的载流量推荐值如表B.2所示。

表B.2 载流量推荐值

接触线规格	持续载流量 A										
	工作温度95℃						允许最高工作温度150℃				
	CT	CTA	CTAH	CTM	CTMH	CTS	CTA	CTAH	CTM	CTMH	CTS
85	410	—	—	—	—	—	—	—	—	—	—

续表 1

接触线规格	持续载流量 A										
	工作温度 95℃						允许最高工作温度 150℃				
	CT	CTA	CTAH	CTM	CTMH	CTS	CTA	CTAH	CTM	CTMH	CTS
110	180	180	180	450	410	380	650	650	640	570	570
120	510	510	510	480	430	410	690	690	680	610	600
150	580	580	580	550	490	470	800	800	780	700	690

注：1. 铜接触线（CT 型）的允许最高工作温度为 95℃；

注：2. 计算条件为环境温度 40℃，风速 0.5m/s，日照强度 1000W/m^2。

B.5　线膨胀系数

铜及铜合金接触线的线膨胀系数为 17×10^{-6}/K。

B.6　杨氏模量

铜及铜合金的杨氏模量为 120GPa。